滄海叢刊

國父道德言論類輯

陳立夫 著

1981

東大圖書公司印行

中華民國七十年九月初版

國父道德言論類輯

基本定價叁元陸角柒分

著作者 陳立夫
發行人 莊剛彰
出版者 東大圖書有限公司
總經銷 三民書局股份有限公司
印刷所 東大圖書有限公司
臺北市重慶南路一段六十一號二樓
郵政劃撥一〇七一七五號

行政院新聞局登記證局版臺業字第〇一九七號

自序

我中華民族能集結億萬衆爲一家，持續五千餘年光榮歷史文化而不墜者，以吾祖先發明宇宙萬物共生共存共進化之原理，垂教後人遵守弗渝也，其詳見於周易。蓋此一原理，卽吾人所謂道者是。於理言則曰公；於己言則曰誠；於人言則曰仁；於事言則曰中；於功言則曰行；綜合此五者之應用言則曰德；其見諸日常動作云爲者，則曰禮。後世更進而形之文字，著於簡編，則曰法。凡此，莫不爲民生求自由平等之保障，以達人類進化所需之互助與合作也。歷代聖聖相傳，以及孔子，其道乃成爲有系統之學術思想，其原理見諸中庸；其應用見諸大學；其詳釋見諸論語；及孟子復從而闡揚之。至於詩則所以道志；書所以道事；禮所以道行；樂所以道和；易所以道陰陽；春秋所以道名分；孝經所以道人類生命延續之大本；皆所以弘道與明德者也。

孔孟之重道德，就上述經書中，且舉其習見者如下：

一、「道也者，不可須臾離也，可離非道也。」（中庸）

二、「道不遠人，人之爲道而遠人，不可以爲道。」（中庸）

三、「道得衆則得國，失衆則失國。」（大學）

四、「志於道，據於德，依於仁，遊於藝。」（論語）

五、「朝聞道，夕死可矣。」（論語）

六、「士志於道，而恥惡衣惡食者，未足與議也。」（論語）

七、「得道者多助，失道者寡助，寡助之至，親戚畔之；多助之至，天下順之。」（孟子）

八、「夫道，若大路然，豈難知哉，人病不求耳。」（孟子）

九、「人能弘道，非道弘人。」（論語）

十、「有德此有人。」（大學）

十一、「德不孤，必有鄰。」（論語）

十二、「德之流行，速於置郵而傳命。」（孟子）

十三、「以德行仁者王。」（孟子）

十四、「小德川流，大德敦化，此天地之所以爲大也。」（中庸）

孔子闡明道德之重要，謂其不能須臾離人，有道則得民心而國治。孟子並謂四端之仁、義、禮、智與生俱來，而周易更謂「立人之道，曰仁與義。」中國文化旣以孔孟思想爲中心，而王道政治，又是以德行仁，則　國父之教，灼然淵源於此。

國父飽讀中外書籍，深知資本主義者之恃富欺貧，共產主義者之藉衆暴寡，均不能使不和者和不平者平，與道德之原理相違背。又知吾國文化之所以可大可久，全賴道德奠其基礎，且發明吾國之所以不爲異族所亡，反能使異族同化於我者，卽因我民族道德崇高，不同尋常。 國父甚至進而研究人類進化之原則爲互助，而互助之用，又爲仁義道德，並直截了當告日本青年曰：「有道德始有國家，有道德始成世界」。我今而豁然貫通，孔子之「無求生以害仁，有殺身以成仁」，與孟子之「生亦我所欲也，義亦我所欲也，二者不可得兼，舍生而取義者也」，均爲大我之生存，而犧牲小我之生命者。此種偉大之訓示，足以使國人個個能于緊要關頭，爲國盡忠，視死如歸，一國之民，俱不畏死，以保護國家，誰能亡其國乎？中華民族之所以悠久與無疆，其理至明。

國父之三民主義，旣淵源于我國文化道統，故具有無私無我之公，成己成物之誠，立人達人之仁，不偏不倚之中，日新又新之行。有此五者，自能建富強康樂之民國，進而促成世界之大同，而天下爲公之理想，亦必賴大道之行而實現。

國父之道德言論，見之於國父全集者，至爲繁多。余遂囑漢夫弟一一摘錄，請沈篤夫兄爲之類輯，共得十數萬言，署曰「國父道德言論類輯」；復請姜異生兄爲之校訂。因交東大圖書公司刊行之，供國人之閱讀，或有助于今日之社會，道德重整，邁向興復之途，使我 國父遺志得有完成之一日，此則余所厚望者也。時在中華民國七十年五月

陳立夫書于天母弘毅齋。

凡例

一、本書所輯國父關於道德言論之文字，悉依民國五十四年　國父百年誕辰中央黨史史料編纂委員會所編輯之「國父全集」為本。

二、本書計分六章，章下分節，節下分目。每目之首，作者先提揭要旨，次舉　國父言論以實之。

三、為便於讀者查證起見，於每目所引各條後皆註明出處。如（叁——一五八），即指全集第叁類第一五八頁，餘類推。

四、所輯言論文字中，其意義特別重要者，則用醒目之黑體字以表示之。遇有舛誤無法勘正之字，則於行間加以註明。

五、本書校對工作，十分慎重。但漏網之虞，勢所難免，敬乞讀者先生不吝指正。

國父道德言論類輯 目次

第三章 立國之要素

第六章　人生之修養與責任

緣起

國父孫公，天縱睿哲，先知先覺，固舉世之所共仰者也。余以不才，自獻身黨國，寖饋於遺教者亙數十年。深感其秉至誠至仁之性，爲救國救世之圖，致力革命，終身以之。尤於造次顚沛，一言一行，不忘道德。忝屬信徒，傾心曷已。故余於往歲歸國以後嘗發表一文，名曰「道德之科學解析及其力量」，期以科學方法，闡明道德之重要、證實個人之成敗、家族之興衰、國家之存亡均繫焉，並用簡單詞句，以明道德之要義：

去私心，存公道，爲道德之基本精神；

孝父母，敬兄長，爲道德之實踐始基；

不忘本，不忘恩，爲道德之衡量標準；

言忠信，行篤敬，爲道德之事實表徵。

前在師大、政大、文化學院博士班教授「人理學研究」後，復得結論如下：

學問之第一目的，在管制自己：（率性）

道德之第一目的，在顧及他人。（修道）

由此而知中庸之三綱領——天命之謂性，率性之謂道，修道之謂教，——實具備人類文明進化之樞紐，而為人所應服膺與篤行者也。

恭讀　國父在日本對青年之演詞中，「有道德始有國家，有道德始成世界」等語，乃知世界之成，亦非道德不可。徵諸今日全世界人欲橫流，倫理毀棄，危機四伏，莫不源於道德之墮落。可見「道也者，不可須臾離也，可離非道也。」（中庸）確有至理存焉。**因之起意將　國父全集中有關道德言論之文字，類輯闡述，以饗國人。**

國父嘗言，吾民族屢經異族侵略，一時雖被懾服，而卒能復興，並將侵略者同化，歸功於道德高尚，文化優美。茲試釋明道德之重要內含為何，曰公、曰誠、曰仁、曰中、曰行、五大基本要件之具備而已。苟能以公顯道，以誠律己，以仁待人，以中處事，以行成物，而後忠孝仁愛信義和平八德以立，彼此乃能互助合作以達共生共存共進化之效。道既通達，而倫理生焉，父子有親，君（長官）臣（部屬）有義，夫婦有別，長（兄姊）幼（弟妹）有序，朋友有信。復以知、仁、勇之達德，建立社會國家，而道德備矣。故　國父於孫文學說第四章謂：「進化之時期有三，其一為物質進化之時期，其二為物種進化之時期，其三則為人類進化之時期。……人類初生之時，亦與禽獸無異，再經幾萬年之進化，而始成長人性，而人類之進化，於是乎起源。此期之進化原前，則與物種進化之原則不同，物種以競爭爲原則，人類則以互助爲原則。社會國家者，互助之體也，道德仁義者，互助之用也。人類順此原則則昌，不順此原則則亡，此原則行之於人類，當數十萬年矣。然而人類今日猶未能盡守此原則者，則以人類本從物種而來，其入於第三期之進化，爲時尚淺，而一切物種遺傳之性，尚未能悉行化除也。然而人類自入文明之後，則天性所趨已莫之爲而爲，莫之致而致，向互助之原則，以求達人類進化之目的矣。」此　國父闡明人類之別於禽獸，異於物種者，以有仁義道德也。即孟子所謂：「人之所以異於禽獸者幾希，庶民去之，君子存之。」是也。道德之如何發皇，使之閃鑠光芒，照耀於世界，即以上所述之公、誠、仁、中、行，五者而已矣。　國父之倡導革命，亦基於此五者之道德而發揚光大之。

大學言欲明明德於天下者，於格物致知外，首曰意誠，而后心正、身修、家齊、國治以至天下之平。己意旣誠，乃能成己而成物。　國父於心理建設自序有曰：「文奔走國事，三十餘年，畢生學力盡瘁於斯，精誠無間，百折不回，一往無前，愈挫愈奮，再接再厲，用能鼓動風潮，造成時勢，卒賴全國民心之傾向，仁人志士之贊襄，乃得推翻專制，創建共和。」此一成功，即至誠無息有以致之。而於宣揚主義，亦莫不出之以誠，是故言必忠信，行必篤敬，使全國同胞，皆爲感動，忠誠悅服於吾黨之政策，而爭相擁護，不惜成仁取義，以求主義之實施，救國族之危亡，蓋至誠而不動者，未之有也。　國父以誠律己，自能由成己而成物也。

國父之仁德，以博愛大公爲主旨，其爲人題字，亦最愛書「博愛」或「天下爲公」等字，嘗謂國民革命之目的，不僅在求中國之自由平等，且欲使弱小民族，皆得享自由平等之幸福。此卽「己欲立而立人，己欲達而達人。」之仁德大公之擴展，進而實現孔子之大同思想，「大道之行也，天下為公」，俾世界人類，得共享和平之福祉。故其仁愛思想，高明大公，辟如天地之無不持載，無不覆幬，蓋以孝親敬長之倫理道德始，而以民胞物與之博愛大公終，殆卽孟子親親而仁民，仁民而愛物之謂歟？他若為免生靈塗炭，則讓大總統職位而無恤，大公無私之仁德精神，更可大白於天下矣。然其後袁世凱之帝制自為，徐世昌、曹錕之非法當選，陳炯明之犯上作亂，沈鴻英之中途叛變，皆惑於一時之私欲，而不顧公理與正義，致道德淪亡，綱紀蕩然，凡此均為國父所最痛心疾首者，故必聲討之，殲滅之，庶幾正義得伸，而不姑息養奸。此所謂「惟仁者能愛人，能惡人。」明是非，辨順逆，乃所以維護吾國固有之道統也。德國著名之漢學家衞禮賢說：「孫逸仙先生是人類史上所有革命者之中最仁愛的一位；這個仁愛，他是從孔子遺教繼承下來的，因此，他的思想，構成了新舊時代間一座橋樑，如果中國毅然決然踏上這座橋樑，那是中國復興的康莊大道。」更足為證。

律己待人，既能盡誠、仁之道，則處事自能隨時顧及他人，公正無私，恰到好處，自無不中矣。民國十年，共產國際代表馬林問　國父革命思想基礎。　國父告以「中國有一個道統，堯、舜、禹、湯、文、武、周公、孔子相繼不絕，我的思想基礎，就是這個道統，我的革命，就是繼承這正統思想，來發揚光大。」此道統卽始於大公。公之為義，說文背私為公，六書會意，卽無所私也。無所私乃發於心，而見之於事行則爲中。故堯之禪位於舜，命以「允執厥中。」舜之禪位於禹，復加以充實曰：「人心惟危，道心（仁）惟微，惟精惟一（誠），允執厥中。」湯執中，立賢無方。詩稱文王「小心翼翼，厥德不回。」武王訪天道於箕子，得聞「無偏無陂，遵王之義。」之說。成王以周公之意命蔡仲曰：「率自中，無作聰明亂舊章。」由是以觀，中爲吾國歷代相傳處事之要道。孔子則尤重視中庸之道，「可以仕則仕，可以止則止，可以久則久，可以速則速，」即中道也。故於羣弟子中，僅稱顏回能擇乎中庸，而與吾黨之小子狂簡之歎。國父承此道統，而又擷取西方文化之精髓，及己所創見者，融會貫通，務得其宜，以創著三民主義，五權憲法，爲吾立國政策之基，固無往而不守中庸之大道，以達悠久與無疆也。

國父致力國民革命，歷四十年之久，其間所經險阻艱難，不知凡幾，然俱以積極奮鬪、行健不息之精神克服之，卒使武昌起義，全國響應，推翻數千年專制政體，建立亞洲第一個民主共和國家，革命於焉告成，此非以行成物之明證乎？是以創行易知難之學說，一則曰能知必能行，再則曰不知亦能行，其終則曰有志竟成。所以勉人之實踐力行，不休不止，無懈無怠，必待齊家治國平天下之成物使命，事事有成而後已，期望之殷有若是者。 國父之道德思想，蓋以公、誠、仁、中、行五者爲本，而以忠孝仁愛信義和平爲目。蓋人如能具備無我無私之公，成己成物之誠；立人達人之仁；不偏不倚之中；日新又新之行；自無往而不公矣，故 國父之一生，無時無刻不以救國救民爲己任，其無私無我之公，昭然若揭。而三民主義之最終目的，爲進世界于大同，而大同之達致，首在「大道之行也，天下爲公」。國父嘗好爲人題「天下爲公」四字，可以見之。爰於「國父全集中」，擷其有關道德言論者，分門別類，加以闡述，使吾黨同志，以及全國同胞，知　國父之繼承正統，重視道德，不亞於古之聖賢明哲也。然　國父道德之可資爲世法者，豈止此而已哉。斯不過擧其一隅耳。願世之賢達，如有同感，更爲之充實，使　國父之道德思想益見光明，實所深切盼望者焉。

第一章 人類之進化原則

第一節 互助

第一目 人類以互助爲進化原則

國父繼承吾國之傳統文化，故其著書立說，總以前賢往聖之道統爲依歸。國父認爲進化之時期有三，初爲物質之進化時期，繼爲物種之進化時期，最後則爲人類之進化時期。而人類初出，與禽獸之爭競生存無異，再經幾許萬年之進化，乃成長人性，以彼此互助爲生存之原則，而別於獸性之以鬪爭求生存，人類乃能團結奮鬪，戰勝毒蛇猛獸，而爲世界之主。然人類至今猶未能盡守此原則者，以人類本從物種進化而來。此卽孟子所謂：「人之所以異於禽獸者幾希，庶民去之，君子存之。」也。至人類互助之爲用，在發揮其道德仁義之善性，以施行於社會國家，使人與人間，出生倫理觀念，於是父子有親，而孝慈之道盡，君（領袖）臣（部屬）有義，而仁敬之道盡，夫婦有別，而和順之道盡，長（兄）幼（弟）有序，而友恭之道盡，朋友有信，而信義之道盡，擴而充之，以至於親親而仁民，仁民而愛物。其最終目的，卽孔子所謂「大道之行也，天下爲公。」蓋欲發揮人類互助之最大功能，以登世界於大同之境域也。故物種之物競天擇原則，乃爲「聽天由命」之被動，而非「人力回天」之自動，是低估人類之能力，背離道德之效用，不適於人類者，彰彰明甚。民國七年　國父在建國方略孫文學說第四章有言：

「夫進化者，時間之作用也。故自達爾文氏發明物種進化之理，而學者多稱之爲時間之大發明，與奈端氏之攝力，爲空間之大發明相媲美。而作者則以爲進化之時期有三：其一爲**物質進化之時期**，其二爲**物種進化之時期**，其三爲**人類進化之時期**。元始之時，太極（此用以譯西名伊太也）動而生電子，電子凝而成元素，元素合而成物質，物質聚而成地球，此世界進化之第一時期也。今太空諸天體多尚在此期進化之中，而物質之進化，以成地球爲目的。吾人之地球，其進化幾何年代而始成，不可得而知也。地球成後以至於今，按科學家據地層之變動而推算，已有二千萬年矣。由生元之始生而至於成人，則爲第二期之進化。物種由微而顯，由簡而繁，本物競天擇之原則，經幾許優勝劣敗，生存淘汰，新陳代謝，千百萬年，而人類乃成。人類初出之時，亦與禽獸無異，再經幾許萬年之進化，而始長成人性，而人類之進化，於是乎起源。此期之進化原則，則與物種之進化原則不同，**物種以競爭爲原則，人類則以互助爲原則。社會國家者，互助之體也，道德仁義者，互助之用也。**人類順此原則則昌，不順此原則則亡，此原則行之於人類當已數十萬年矣。然而人類今日猶未能盡守此原則，則以人類本從物種而來，其入於第三期之進化，為時尚淺，而一切物種遺傳之性，尚未能悉行化除也。然而人類自入文明之後，則天性所趨，已莫之為而為，莫之致而致，向於互助之原則，以求達人類進化之目的矣。人類進化之目的為何？即孔子所謂『**大道之行也，天下為公**。』耶穌所謂『爾旨得成，在地若天。』此人類所希望，化現在之痛苦世界，而為極樂之天堂者是也。近代文明進步，以日加速，最後之百年，已勝於以前之千年；而最近之十年，又勝已往之百年；如此遞推，太平之世，當在不遠。」（叄—一三八）

人類既進化至互助地步。然天賦之才智則不同。有先知先覺者，有後知後覺者，有不知不覺者，所以聰明才力大者，不可用其聰明才力，以利一己之私，而應為大衆服務，使大衆均蒙其利。而後知後覺與不知不覺者，亦應各出其天賦之資，以盡其應盡之責，彼此互助，使天賦不同之三種人，才得調「和」而皆享「平」等之福。蓋平等之精義，即人人以服務為道德之最高目的，且所以奠人類和平之眞正基礎也。民國十三年 國父在民權主義第三講有言：

「我從前發明過一個道理，就世界人類其得之天賦者，約分三種：有**先知先覺**者，有**後知後覺**者，有**不知不覺**者。先知先覺者為發明家，後知後覺者為宣傳家，不知不覺者為實行家。此三種人互相為用，協力進行，則人類之文明進步，必能一日千里。**天之生人，雖有聰明才力之不平等，但人心則必欲使之平等，斯為道德上之最高目的**，而人類當努力進行者。但是要達到這個最高之道德目的，到底要怎麼樣做法呢？我們可以把人類兩種思想來比對，便可以明白了。一種就是利己，一種就是利人。重於利己者，每每出於害人，亦有所不惜。此種思想發達，則聰明才力之人，專用彼之才能去奪取人家之利益，漸而積成專制之階級，生出政治上之不平等。此民權革命以前之世界也。重於利人者，每每至於犧牲自己，亦樂而為之。此種思想發達，則聰明才力之人，專用彼之才能，以謀他人的幸福，漸而積成博愛之宗教、慈善之事業。惟是宗教之力有所窮，慈善之事有不濟，則不得不為根本之解決。實行革命，推翻專制，主張民權，以平人事之不平了。從此以後，要調和三種人使之平等，則人人當以服務為目的，而不以奪取為目的。聰明才力愈大者，當盡其能力而服千萬人之務，造千萬人之福，聰明才力略小者，當盡其能力以服十百人之務，造十百人之福。所謂巧者拙之奴，就是這個道理。至於全無聰明才力者，亦當盡一己之能力，以服一人之務，造一人之福。照這樣做去，雖天生人之聰明才力有不平等，而**人之服務道德心發達，必可使之成為平等了。這就是平等的精義。**」（壹—八一）

第二目 進化有賴互助道德之發揚

人與人相處，固宜彼此互助，以服務為最高道德。而國與國間，亦宜尚道德而不尚野蠻，講公理而不講强權，乃能互爲提攜，和平共處。歐美學者，近始了解此一學理。蓋弱肉强食，優勝劣敗之學說，實爲社會之蠹， 國父所深惡痛絕者。我國立國之傳統學說，自昔卽主張尊王貶霸，所謂「以力服人者，非心服也，力不贍也；以德服人者，中心悅而誠服也。」故對內行王道，施仁政。對外則講信修睦，興滅繼絕。 國父承此道統，勗勉智識份子（昔稱名士），用其所學，爲平民謀幸福，爲國家圖富强，提高社會道德，使國家之地位日高，則瓜分之禍，自可消弭於無形。進而以我之互助道德，扶助弱小民族，使之獲得自由平等。民元八月在北京湖廣會館教育界歡迎會 國父有言：

「世界之進化，隨學問爲轉移。自有人類以來，必有專門名家發明各種專門學說，然後有各種政治、實業之天然進化。二十世紀以前，歐洲諸國，發明一種生存競爭之新學說；一時影響所及，各國都以優勝劣敗，弱肉强食，爲立國主腦，至謂有强權無公理。此種學說，在歐洲文明進化之初，固適於用，由今視之，殆是一種野蠻之學問。今歐美之文明程度日高，從物理上發明一種世界和平的學問，**講公理，不講强横；尚道德，不尚野蠻**。從前生存競爭之學說，在今日學問過渡時代，已不能適用，將次打消。何謂過渡時代，蓋由野蠻學問而進於文明學問也。諸君今日於學問一途，尚當改良宗旨，著眼於文明，使中國學問，與歐美並駕。則政治、實業，自有天然之進化。將來中華民國庶可與世界各國，同享和平。

且專制時代，一般仕子求學之心思，皆以利權爲目的，及目的達到，乃用其智識，剝害民權，助桀為虐。是學問反為賊民賊國之根由，此兄弟從前所痛恨最切者！今國政既革，諸君求學之心思，亦宜更革。蓋共和之國，首重平權，**弱肉强食優勝劣敗之學說，是社會之蠹**，非共和國之所宜用，我國四萬萬同胞，智愚不一，不能人人有參政之智能。才智者既研究各種學問，有政治之能力，有政治之權勢，則當用其學問為平民謀幸福，為國家圖富强。諸君須知此後求學方針，乃期為全國人民負責任，非為一己攫利權。從此研究文明學問，**剷去野蠻學問，使我國之道德日高一日，則我國之價值，亦日高一日**。價值日高，則有神聖不可侵犯之地位，而瓜分之說，亦消滅於無形也。兄弟於諸君有厚望焉！」（捌—二六）

所以人宜立定心志，犧牲個人之幸福，以求國家之幸福，而後社會始得改進。至弱肉强食，直是一種獸類的行為。惟有彼此互助，方成為人類之行為。而互助之為用，即是注重道德，實踐倫理，有道德始有國家，始成世界。所謂互助道德者，在社會則百姓親睦，出入相友，守望相助，疾病相扶持。在國家則上以愛下，下以敬上。在世界則貨惡其棄於地也，不必藏於己，力惡其不出於身也，不必為己。故欲世界和平，孔子大同學說，實為最偉大之政治思想，亦即互助所發生之道德也。民國二年　國父在東京對留學生全體講：

「在此留學諸君，須要立一種決心，就是從前學生一種犧牲性命的心。立此種決心求學，將來成就，正未可量。迨學成學問，為中華民國求幸福，非為一人求幸福。**必須存犧牲自己箇人之幸福，以求國家之幸福的心志，社會始可改良**。諸君現在之地位，在中華民國四萬萬人之上，將來做成事業，必也要在四萬萬人之上，方不愧今日之地位！學問志願，兩種並行；有學問而無志願不徒無益，而反有害，諸君志願，須求大家之利益，辦大家之事業，不必計較私人之利害。究竟大家享幸福，大家得利益，則我一人之幸福與利益，自然包括其中。此之謂人道主義，社會主義。從前學說，準物質進化之原則，闡發物競生存之學理。野蠻時代，野獸與人類相爭，弱肉強食，優勝劣敗。弱者劣者，自然歸於天演淘汰之列。故古來學說，只求一人之利益，不顧大家之利益。今世界日進文明，此種學理，都成野蠻時代之陳談，不能適用於今日。今日進於社會主義，注重人道，並不重相爭而重相助；**有道德始有國家，有道德始成世界**。近日社會學說，雖大昌明，而國家界限尚嚴，國與國之間，不能無事。道德家必願世界大同，與永無戰爭之一日。我輩亦須存此心理，感受此學說。**將來世界上總有和平之望，總有大同之一日。此吾人無窮之希望最偉大之思想。**」（捌—六七）

第二節　合作

第一目　合作可養成高尚人格

前節言人類經物種進化時期，由獸類進化原則入另一新時期，採用另一進化原則，而別人與禽獸，於是文明乃進，故人類欲求進步，應以減少獸性，增多人性，爲第一要着。而人性之表現，於互助外，是合作。蓋高尙道德之人格，須合大家力量，在同一宗旨上，互助勸勉，彼此身體力行，以養成高尙人格，使社會進化而完全達成人性，再由人性進化而至於神性。民國十二年在廣州全國青年聯合會　國父有言：

「我們人類的天職，是應該做些甚麼事呢？最重要的，就是要令人羣社會，天天進步。要人類天天進步的方法，當然是在合大家力量，用一種宗旨，互相勸勉，彼此身體力行，造成頂好的人格。人類的人格既好，社會當然進步。我們社會經過古今許多人羣的改良，自草昧初開以至現在，已經進步了很多。但是現在社會的道德範圍，還沒有進步到極點。就人類的來源講，基督教說世界人類，是上帝六日造成的。近代科學中的進化論家說，人類是由極簡單的動物，慢慢變成複雜的動物，以至於猩猩，更進而成人。由動物變到人類，至今還不甚久，所以人的本源便是動物，所賦的天性，便有多少動物性質。換一句話說，就是人本來是獸，所以帶有多少獸性，人性很少。**我們要人類進步，是在造就高尙人格。要人類有高尙人格，就在減少獸性，增多人性。**沒有獸性，自然不至於作惡。完全是人性，自然道德高尙，道德既高尙，所做的事情，當然是向軌道而行，日日求進步，所謂『人爲萬物之靈』。科學和宗教衝突之點，就在所見人類來源之不同。由這一點所見之不同，便生出科學與宗教之爭，至今還沒有止境。惟是人類知識，是天天進步的。今日人類的知識，和古時不大相同，今日人類的知識，多是科學的知識。古時人類的知識，多是宗教的感覺。科學的知識，不服從迷信，對於一件事，須用觀察和實驗的方法，過細去研究，研究屢次不錯，始認定爲知識。宗教的感覺，專是服從古人的經傳，古人所說的話，不管他是對不對，總是服從，所以說是迷信。就宗教和科學比較起來，科學自然較優。譬如現在我們用眼光看遠方之物，多用千里鏡幫助，看得很淸楚，千里鏡是近來科學發明的，古時沒有科學，所以沒有千里鏡，看遠方之物，當然不及現在看得淸楚，這就是宗教不及科學。因爲這樣的原故，現在宗教知道專迷信古人經傳之不方便的地方很多，便有主張更改新舊約的，推廣約中的文字範圍，以補古人所說之不足。至於宗教的優點，是講到人同神的關係或同天的關係，古人所謂天人一體。依進化的道理推測起來，人是由動物進化而成，既成人形，當從人形更進化而入於神聖。**是故欲造成人格，必當消滅獸性，發生神性**，那麼，才算是人類進步到了極點。」（捌—一七四）

所以　國父主張以有餘補不足之社會道德，代替優勝劣敗之野蠻行爲。社會有通力合作之仁德與倫理表現，乃能成國家，成世界，即孟子所謂：「三代之得天下也以仁，其失天下也以不仁。」故欲實行民生主義，必須大家通力合作，以養成社會道德。民國元年對北京學界歡迎會國父有言：

「從前學界中人所知者，生存競爭、優勝劣敗而已；然此種學說在歐洲三十年前頗爲盛行，

今日則不宜主張此說，應主張社會道德，以有餘補不足。」（捌—一一八）

民國二年對東京留學生全體說：「從前學說準物質進化之原則，闡發物種競生存之學理。今世界日進文明，此種學理都成野蠻時代之陳談，不能適用於今日。今日進於社會主義，注重人道，故不重相爭而重相助，有道德始有國家，有道理始成世界。」（捌—六七）

這兩段話最足以表現　國父重視互助合作的社會道德，認爲國民非養成這種道德，便不能實行民生主義。

人之天賦不同，有先知先覺者，　國父稱爲發明家，以其聰明才力，超越常人，能發明一切事物也。至後知後覺者，　國父謂爲宣傳家，能以已發明之事物傳播於大衆。至不知不覺者，則爲實行家。蓋惟能依照所傳播者而力行不懈，卽孟子所謂：「行之而不著焉，習矣而不察焉，終身由之而不知其道者衆也。」是矣。以上天賦不同之三種人，如能各憑其能力，各盡其責任，通力合作，造福人羣，則文明日益進步，而社會道德亦自達成矣。民國十三年在廣州大本營　國父有言：

「我從前發明過一個道理，就世界人類其得之天賦者，約分三種，有先知先覺者，有後知後覺者，有不知不覺者，先知先覺者爲發明家，後知後覺者爲宣傳家，不知不覺者爲實行家，此三種人互相爲用，協力進行，則人類之文明進步，自能一日千里。」（壹—八一）

第二目 以合作止戰爭

人與人爭，不能合作，卽爲野蠻之行爲。至國與國間之戰爭，亦爲野蠻行爲。故我國之傳統文化，注重偃武修文，鄙戰爭而崇禮讓。如遇殘暴之君，虐待人民，則設法殲滅之。殲滅之法，維何？施行仁政，感召民心，而後出師征討，其民卽簞食壺漿以迎，其軍卽倒戈相向，因之攻無不克，戰無不勝，此非窮兵黷武之好戰，實爲人道作干城，故能得人民之合作，以戰止戰，而後戰爭成爲野蠻之遺跡矣。 國父鑒於列強環伺，我中華將有亡國滅種之虞，故勉國人講求戰學，以救危亡。豈得已哉？民國三年 國父序周應時著戰學入門有言：

「戰爭木爲人類之惡性，人類進化愈高，則此惡性愈減。故古昔先進之國，每多偃武修文，鄙戰爭而崇禮讓。倘進化前途無所障碍，祇有進而無退，則世界大同，可指日而待，豈非人類之極大福祉耶？無如進化之程度不齊，先進文明之國，每多爲野蠻尚武之種所滅。如羅馬之亡於北狄，中華之阨於韃靼，其退化恆以千百年計。此眞人類之至慘奇禍也。近百年來，白種人之物質進化，突超前古，而其心性進化尚未離乎野蠻，故戰爭之禍，於今尤烈。當此之時，世界種族，能戰則存，不能戰則亡，優勝劣敗，弱肉强食，殆視爲天理之當然。此誠進化前途之大厄也。我中華爲世界獨存之古國，開化最早，蠻風久泯，人好和平，不尚爭鬪；乃忽逢此白禍滔天之會，有亡國滅種之虞，**此志士仁人欲爲人道作干城，爲進化除障**

礙，有不得不以戰止戰者也。世之善戰者，有得於天才，有得於學問，如鐵木眞之起於游牧，而能掃蕩歐亞，戰無不勝，攻無不克，此天才獨勝者也。如莫魯克之運籌帷握，決勝先機，一戰而挫丹，再戰而摧奧，三戰而敗法，此學問特長者也。至拿破崙乘法國革命之運，統饑寒之殘卒，與奧戰於意大利之野，以少擊衆，連戰皆捷，轉危爲安，及後幾掩全歐，其用兵之妙，古今無匹，此才學兼長者也。夫天才則不能以人致，而學問固可以力求。日本維新以後，取法歐洲，整軍經武，滿洲一役，節節進取，步步爲營，卒後並虎噬鯨呑之敵俄而以一摧廓，深襲我堂奧，其計劃之周全，經理之完備，則純以學問勝者也。近代科學大明，武器進步，治軍之複雜，迥非前代所可比擬。昔有不讀兵書而可以爲名將者，今則非深造乎學問不足以臨陣圖敵矣！此戰學之所以不可不講也。」（拾貳—一三）

第三節　達爾文之進化論不適用於人類

第一目　毋使人類進化復歸同於獸化

達爾文於十九世紀末葉，用科學方法研究與觀察，經過二十餘年，始成一書曰「物種由來」（後人譯爲天演論），發明物競天擇之生物進化理論，其結論爲優勝劣敗，弱肉強食。此時帝國主義者，正在恃强凌弱，處處發展其殖民地之政策，遂利用此一理論，侈言强權卽是公理，認爲己之所作所爲，不啻體天行道，因而一意孤行，無所顧忌，使弱小民族，受其壓迫而失去自由。國父有慨於達爾文之物競天擇原則，使學者多惑以仁義道德爲虛無，爭競生存爲實際，因而泯滅天賦之良知，推翻人類進化之原理，使復同於獸化，故斥其**物種之競爭原則，實不可施於人類之進化**。民國七年　國父在建國方略孫文學說第四章有言：

「達爾文氏發明物種進化之物競天擇原則後，而學者多以爲仁義道德皆屬虛無，而爭競生存，乃爲實際，幾欲此物種之原則，而施之於人類之進化，而不知此爲人類已過之階級，而人類今日之進化，已超出物種原則之上矣。」（叁—一三九）

第二目　公理勝於强權

所以　國父於評論社會問題，未贊同强權爲世界唯一之眞理。蓋强權雖合於物種天演之進化，而公理實難泯於人類天賦之良知，故天演淘汰之學理，爲野蠻物種之進化，而非道德文明之進化。如欲改良不善的社會之組織，則公理良知之人爲力量，當能用以收其效也。民國元年在上海中國社會黨　國父有言：

「循進化原理，由天演而至人爲，社會主義實爲之關鍵，動物之强弱，植物之榮衰，皆歸之於物競天擇，優勝劣敗。進化學者遂舉此例，以例人類國家。凡國家强弱之戰爭，人民貧豐之懸殊，皆視爲天演淘汰之公例。故達爾文之主張，謂世界僅有强權而無公理。後起學者，隨聲附和，絕對以强權爲世界唯一之眞理。我人訴諸良知，自覺未敢贊同，誠以强權雖合於天演之進化，而公理實難泯於天賦之良知。故天演淘汰，爲野蠻物種之進化。公理良知，實道德文明之進化也。社會組織之不善，雖限於天演，而改良社會之組織，或者人爲之力尚可及乎」（壹—一九三）

第二章 人類之共生共存

第一節 道德與不道德

第一目 吾國文化重道德愛和平

我國文化，自昔卽重視道德，酷愛和平。祇以後世偏重家族觀念，致漠視民族主義，而固有愛和平之道德文化，遂未能盡情表現於世界矣。至歐洲近世所發明之世界主義，仍爲有强權，無公理之野蠻主張。惟我國之政治哲學，以仁政感召民心，使其心悅誠服，率土來歸，此愛和平之道德，方足爲世界主義之眞精神，如欲發揚此一精神，應以民族主義爲基礎。民國十三年　國父在民族主義第四講有言：

「……歐洲的科學發達，物質文明的進步，不過是近來二百多年的事，在數百年以前，歐洲還是不及中國。我們現在要學歐洲，是要學中國沒有的東西；中國沒有的東西是科學，不是政治哲學。至於講到政治哲學的眞諦，歐洲人還要求之於中國。諸君都知道世界上學問最好的是德國，但是現在德國研究學問的人，還要研究中國的哲學，甚至於研究印度的佛理，去補救他們科學之偏。世界主義在歐洲，是近世才發表出來的，在中國二千多年以前，便老早說過了。我們固有的文明，歐洲人到現在還看不出，不過講到政治哲學的世界文明，我們四萬萬人從前已經發明了很多；**就是講到世界大道德，我們四萬萬人也是很愛和平的。但是因爲失了民族主義，所以固有的道德文明都不能表彰**，到現在便退步，至於歐洲人現在所講的世界主義，其實就是有強權無公理的主義，英國話所說的『能力就是公理』，就是以打得的爲有道理，中國人的心理向來不以打得爲然，以講打的就是野蠻；這種**不講打的好道德**，就**是世界主義的眞精神**。我們要保守這種精神，擴充這種精神，是用甚麼做基礎呢？是用民族主義做基礎。像俄國一萬萬五千萬人，是歐洲世界主義的基礎，中國四萬萬人，是亞洲世界主義的基礎。有了基礎，然後才能擴充。所以我們以後要講世界主義，一定要先講民族主義，所謂欲平天下者先治其國。把從前失去了的民族主義重新恢復起來，更要從而發揚光大之，再去談世界主義，然後才有實際。」（壹—三三二）

我國人之愛和平，既如上述。然而東西鄰邦，多慮我一旦崛起，橫掃歐亞，使其無立足餘地，於是倡言黃禍，共謀瓜分，此一祇知損人利己，弱肉強食之設想，實爲破壞和平最不道德者，故　國父力斥其不知中國人有素主和平之美德，決不作此擴張疆土，欺凌他人之行動也。民

前八年　國父在美國撰「支那問題之眞解決」一文中有言：

「於此有不完全之理想焉，以爲支那（卽中國）地大物博，大有可爲之資格，若一旦醒睡，則世界必爲之震驚。倘輸進新文明於國內，且將釀法蘭坎斯坦事故。現時最巧之政策，皆以共亡支那爲目的，如倡黃禍論者是也。雖然，倡此義者，其自謀非不忠，然無論由何方面觀之，皆不能自圓其說。**夫一國之望他國亡滅，已離於道德之問題**，而爲政治上之狡策；況支那人爲最平和勤勉最守法律之民族，非强悍好侵略之民族也。其從事於戰爭，亦止自衞，使外人果能始終去其機械之心，則吾敢謂世界民族，未有能及支那人之平和者也。」（柒一三九）

國父並言歐洲文化，重視武力，不講道德，此卽霸道文化，所謂以力服人者，人雖暫時屈服，迫於力之不敵人，非眞心服也，遇有機會，未有不起而反抗之者。至我國之傳統文化，以仁義道德之王道爲本質，所謂以德服人者，故人中心悅而誠服也。是以東方之道德文化，遠較西方之霸道文化爲高尚矣。民國十三年　國父在日本神戶講「大亞洲主義」時有言：

「專就最近幾百年的文化講：歐洲的物質文明極發達，我們東洋的這種文明不進步。從表面的觀瞻比較起來，歐洲自然好於亞洲；但是從根本上解剖起來，歐洲近百年是甚麼文化呢？是科學的文化，是注重功利的文化。這種文化應用到人類社會，只見物質文明，只有飛機炸彈，只有洋槍大炮，專是一種武力的文化。歐洲人近有專用這種武力的文化來壓迫我們亞洲，所以我們亞洲便不能進步。這種專用武力壓迫人的文化，用我們中國的古話說就是『行霸道』，所以**歐洲的文化是霸道的文化**。但是我們東洋向來輕視霸道的文化，還有一種文化，好過霸道的文化，這種文化的本質，是仁義道德。用這種仁義道德的文化，是感化人，不是壓迫人；是要人懷德，不是要人畏威。這種要人懷德的文化，我們中國的古話就是『行王道』。所以**亞洲的文化，就是王道的文化**。自歐洲的物質文明發達，霸道大行之後，世界各國的道德，便天天退步。就是亞洲，也有好幾個國家的道德，也是很退步。近來歐美學者稍為留心東洋文化，也漸漸知道東洋的物質文明，雖然不如西方，但是**東洋的道德，便比西方高得多**。」（捌—三〇九）

即如我國辛亥革命，推翻滿清政府，建立民國。其時深望得美國之助，使我取得所餘關稅。乃美國竟派軍艦前來，甚至轟擊廣州城以威脅之，其不道德之行為，莫甚於此。所以　國父致美國國民書，促其政府省悟，毋為己所不欲，勿施於人之乖謬措施也。民國十二年十二月　國父致美國國民書略云：

「當吾人首創革命，推倒專制及腐敗政府而設立民主之時，吾人實以美國為模範，且深望得一美國刺花逸(Lafayette)協助吾等，使得成功。吾人之力爭自由，於今已十二年矣。但今由美國而來者非刺花逸，乃美國之羅連臣提督，同來之戰艦較多於別國，而與欲推倒吾等，以使中國之民主得滅亡者相聯。華盛頓及林肯之國是否誓拒其對於自由之信仰，而轉為力爭自由之壓制者乎？吾人實不信此，並深望貴國艦隊人員詳思此問題，然後放炮向吾等轟擊。現彼等之炮已向此無炮壘抵禦之廣州城矣。因何而欲炮擊吾等乎？實因吾人對全國關稅之收入，有合理要求，除淸償以關稅作抵押外債之後，得取得余政府治下各處收得所餘之關稅。夫此項收入，實屬吾人，故余政府定有此權。且此款爲敵人所得，遂用之以購軍械，轉殺吾等，故不得不阻止之，與君等先代投英國茶於波士頓埠港口之事無異。現貴國執政者或不肯扶助中國爭自由，等於扶助他方。設若貴國以海軍軍艦向我所轄境內爭取關餘，而令北方不良之軍閥得獲勝利，實爲一種慫咎及無窮恥辱也。孫逸仙」。（玖—六三六）

第二目　安定民生乃能培養社會道德

我國之傳統文化，旣以道德爲重，故其政治，亦以安定民生爲急務。蓋人民得安居樂業，自皆奉公守法，樂於爲善矣。卽孟子所謂：「明君制民之產，必使仰足以事父母，俯足以畜妻子，樂歲終身飽，凶年免於死亡，然後驅而之善，故民之從之也輕。」管子所謂：「倉廩實而知禮節，衣食足而知榮辱。」古時如此，今亦何獨不然。故欲解決民生問題，當以文明發達、道德進步爲其重心，而社會自安定矣。民國十三年　國父在民生主義第二講有言：

「……社會的文明發達，經濟組織的改良和道德進步，都是以甚麼爲重心呢？就是以**民生爲**

重心。民生就是社會一切活動中的原動力，因爲民生不遂，所以社會的文明不能發達，經濟組織不能改良，和道德退步，以及發生種種不平的事情。像階級戰爭和工人痛苦，那種種壓迫，都是由於民生不遂的問題沒有解決。所以社會中的各種變態都是果，民生問題才是因。」（壹—一四三）

故以有餘補不足之社會道德，以推行均富的社會政策，爲今日全國學界合力進行之唯一方針。民元八月　國父在北京學界歡迎會有言：

「此次革命成功，多賴學界之力。此後各種建設，亦須賴全國學界合力進行，方能成功。學界關係國家前途卽如此之重，不能不定一進行之方針。從前學界中所知者，生存競爭，優勝劣敗而已。然此種學說，在歐洲三十年前，頗爲盛行，今日則不宜主張此說，應主張社會道德。以有餘補不足。大凡天之生人，其聰明才力，各不相同。聰明才力之有餘者，當輔助聰明才力之不足者，在政治上爲工人，在社會上爲社會公僕。今日中國革命成功，適値改良學說之際，學說旣宜改良，方針亦宜改變。**所謂今日唯一之方針者，社會道德是也**」。（捌—二八）

第二節　武力與金錢不能解決問題——正義之重要

第一目 正義感人

中國主張和平，自古已然，故非特不侵略他族，而有時反爲他族所侵略。然和平究爲美德，故有部分小國，仰慕我國之重視正義，相率以歸順爲榮，按時朝貢，執禮至恭，於此足見正義感人之深也。 民國十三年 國父在民族主義第四講有言：

「中國的和平思想到漢朝時已經是很充分的了。到了宋朝，中國不但不去侵略外人，反爲外人所侵略，所以宋朝被蒙古所滅。宋亡之後，到明朝才復國，明朝復國之後，更是不侵略外人，當時南洋各小國，要來進貢，歸化中國，是他們仰慕中國的文化，自己願意來歸順的，不是中國以武力去壓迫他們的。像巫來由及南洋羣島那些小國，以中國把他們收入版圖之中，許他們來進貢，便以爲是很榮耀。若是不要他們來進貢，他們便以爲很恥辱。像這項尊榮，現在世界上頂强盛的國家還沒有做到」。（壹—三一）

當第一次世界大戰（卽歐戰）時， 國父在廣東設立護法政府，英國駐粵領事，商請 國父加入協約國，出兵以攻德國。 國父告以中國自古以來，素主和平正義，鄙棄帝國主義講强權不講公理之所爲。義正詞嚴，卒使英領折服而退，此亦正義勝强權之一明證也。民國十三年 國父在民族主義第四講有言：

「當歐戰最劇烈的時候，我在廣東設立護法政府，一天有一位英國領事到大元帥府來見我，和我商量南方政府加入協商國，出兵到歐洲。我就向那位英國領事說：爲甚麼要出兵呢？他說：請你們去打德國，因爲德國侵略了中國土地，佔了青島，中國應該去打他，把土地收回來。我說：青島離廣州還很遠，至於離廣州最近的有香港，稍遠一點有緬甸、布丹、尼泊爾。像那些地方，從前是那一國的領土呢？現在你們還要來取西藏；我們中國此刻沒有收回領土的力量，如果有了力量，恐怕要先收回英國佔去了的領土罷。德國所佔去的青島，還是很小，至於緬甸便比青島大，西藏比青島更要大。我們如果要收回領土，當先從大的地方起。他受了我這一番反駁，就怒不可遏，便說：我來此地是講公事的呀。我立刻回他說：我也是講公事呀。兩人面面相對，許久不能下臺。後來我再對他說：我們的文明，已經比你們進步了二千餘年，我們現在是想你們上前，等你們跟上來；我們不可退後，讓你們拖下去。**因爲我們二千多年以前，便丟去了帝國主義，主張和平**，至今中國人思想已完全達到這種目的。你們現在戰爭所豎的目標，也是主張和平，我們本來很歡迎的；但是實際上，你們還是講打不講和，專講强權不講公理。我以爲你們專講强權的行爲是很野蠻的，所以讓你們去打，我們不必參加。等到你們打厭了，將來或者有一日是眞講和平，到了那個時候，我們才參加到你們的一方面，共求世界的和平。而且我反對中國參加出兵，還有一個最大的理由，是我很不願意中國也變成你們一樣不講公理的强國。如果依你的主張，中國加入協商國，你們便可以派軍官到中國來練兵；用你們有經驗的軍官，又補充極精良的武器，在六個月之內，一定可以練成三五十萬精兵，運到歐洲去作戰，打敗德國。到了那個時候，便不好了。英國領事說：爲甚麼不好呢？我說：你們從前用幾千萬兵和幾年的時候都打不敗德國，只要加入幾十萬中國兵，便可以打敗德國，由此便可以提起中國的尙武精神。用這幾十萬兵做根本，可以擴充到幾百萬精兵，於你們就大大的不利了。現在日本加入你們方面，已經成了世界上列强之一，他們的武力雄霸亞洲，他們的帝國主義和列强一樣，你們是很怕他的。說到日本的人口和富源，不及中國遠甚。如果依你今天所說的辦法，我們中國參加你們一方面，中國不到十年，便可以變成日本。照中國的人口多與領土大，中國至少可以變成十個日本。到了那個時候，以你們全世界的强盛，恐怕都不够中國人一打了。我們因爲已經多進步了二千多年，脫離了講打的野蠻習氣，到了現在才是眞和平。我希望中國永遠保守和平的道德，所以不願意加入這次大戰。那位英國領事，半點鐘前幾乎要和我用武，聽了這番話之後，才特別佩服，並且說：如果我也是中國人，一定也是和你的思想相同。」（壹－三三）

所以　國父嘗謂：「我們革命黨以德服人，非以力服人，證諸前例，事實具在。」蓋本黨以博愛爲懷，謀公衆之幸福，使不平等者變爲平等，不自由者變爲自由，大公無私，人心所歸。其所以致此者，全由於道德與眞理二者滙合而成也。民國十年在梧州　國父對國民黨員講：

「吾黨究何所恃而自存，又何所恃而服人？將謂恃兵力乎？非也，我們革命黨恃主義、眞理及道德而已。故吾黨以德服人，非以武力服人；大家要知武力實不足恃，惟德可以服人。如十年來廣西之陸酋，手握十餘萬之兵力，征服廣東、湖南，此次何以失敗至此，此可以證明武力之不可靠，而主義、眞理、道德之爲可靠也。故吾黨應以主義維持國家，不應再恃武力，此事不特中國爲然，全世界亦莫不皆然。吾人試觀近幾百年來，世界各國之發達，咸賜於革命風潮。先由歐洲，而美洲，而亞洲，革命風潮所到無敵。卽以中國而論，前清兵力，可算强大，何以終被推翻？又徵諸袁世凱時代亦然。最近則見於陸榮廷之失敗，可知黨力所到，無不屈服。此種力量，實爲天經地義；蓋平等、自由、博愛，乃公衆之幸福，人心之所同向，無可壓迫者也。

「夫奴隸之制，野蠻時代產物也。聰者欺愚，衆者暴寡，弱肉强食，刻薄百姓，陸酋罪惡之大如此。我們之革命黨則反是，人人平等自由，世界幸福，人人共享。將野蠻變爲文明，不平變爲平等，革命黨之所以無敵於天下，卽以此也。野蠻時代之官僚，往往因圖一人私利，動以武力壓制幾千萬人，使爲一人之奴隸，革命黨之三民主義，則大不然，自己爭自己權利，且爭衆人權利，人人歡迎，人人同心，故革命黨之力量，比較軍隊之力量還大。此種力量，全由道德與眞理所合成。諸君復明白眞理係爲公爲大衆，非爲私爲一人。倘若爲私，則人心不服；人心不服者，乃假革命黨，專借黨以魚肉人民，欺侮人民者。眞革命黨必不若是，諸黨員切須明白此理，合力排斥方可。」（捌—一一六）

第二目 東西文化之不同

國父研究大亞洲主義，曾以東方文化與西方文化作一對比，**東方文化講仁義道德，故其政治崇王道；西方文化，則講功利强權，故其政治尚霸道**。惟王道政治，以正義公理感化人，故人民中心悅而誠服。霸道政治，以威力壓迫人民，人民雖一時畏而屈服，然非出自眞意，一旦霸者武力衰退，彼卽起而抗拒，以報復前所受之委屈，是可以尼泊爾對我國與對英國之情形證明之，此卽東西文化不同之處也。故欲實行大亞洲主義，應以仁義道德爲基礎，聯合亞洲各民族，以轉移西方文化之觀點，使之棄霸道而崇王道，共躋世界於和平之域。民國十三年在日本神戶 國父講大亞洲主義時有言：

「我們現在講大亞洲主義，研究到這個地步，究竟是甚麼問題呢？簡而言之，就是文化問題，就是東方文化和西方文化的比較和衝突問題。**東方的文化是王道，西方的文化是霸道**：講王道是主張仁義道德，講霸道是主張功利强權；講仁義道德，是由正義公理來感化人；講功利强權，是用洋槍大砲來壓迫人。受了感化的人，就是上國衰了幾百年，還是不能忘記，像尼泊爾至今還是甘心情願要拜中國爲上邦；受了壓迫的人，就是上國當時很强盛，還是時時想脫離，像英國征服了埃及，滅了印度，就是英國强盛，埃及、印度還是時時刻刻要脫離英國，時時刻刻做獨立的運動。不過處於英國大武力壓制之下，所以一時不能成功。假若英國一時衰弱，埃及、印度不要等到五年，他們馬上推翻英國政府，來恢復自己的獨立地位。諸君聽到這裏，當然可知東西文化的優劣了。我們現在處於這個新世界，要造成我們的大亞洲主義，應該用甚麼做基礎呢？就應該用我們固有的文化做基礎，要講道德，說仁義；**仁義道德就是我們大亞洲主義的好基礎**。我們有了這種好基礎，另外還要學歐洲的科學，振興工業，改良武器。不過我們振興工業，改良武器，來學歐洲，並不是學歐洲來消滅別的國家，壓迫別的民族的，我們是學來自衞的。……中國現在有很多的武備，統一之後，便極有勢力。我們要講大亞洲主義，恢復亞洲民族的地位，只用仁義道德做基礎，聯合各部的民族，亞洲全部的民族便很有勢力。

「用霸道的文化和王道的文化比較起來說，究竟是那一種有益於正義和人道，那一種是有利於民族和國家，請諸君可以自己證明。我也可以舉一個例子來說明：譬如從五百年以前以至兩千年以前，當中有一千多年，中國是世界上頂强的國家，國家的地位，好像現在的英國、美國一樣。英國、美國現在的强盛，還是列强；中國從前的强盛，是獨强。中國當獨强的時候，對於各弱小民族和各弱小國家是怎麼樣呢？當時各弱小民族和各弱小國家對於中國又是怎麼樣呢？當時各弱小民族和國家，都是拜中國爲上邦，要到中國來朝貢，要中國收他們爲藩屬，以能夠到中國來朝貢的爲榮耀，不能到中國朝貢的是耻辱。當時來朝貢中國的不但是亞洲各國，就是歐洲西方各國，也有不怕遠路而來的。中國從前能夠要那樣多的國家和那樣遠的民族來朝貢，是用甚麼方法呢？是不是用海陸軍的霸道，强迫他們來朝貢呢？不是的。中國完全是用王道感化他們，他們是懷中國的德，甘心情願，自己來朝貢的。他們一受了中國王道的感化，不只是到中國來朝貢一次，並且子子孫孫都要到中國來朝貢。這種事實，到最近還有證據。譬如在印度的北方，有兩個小國：一個叫做布丹，一個叫做尼泊爾。那兩個國家雖然是小，但是民族很强盛，又很强悍，勇敢善戰。尼泊爾的民族，叫做廓爾略，尤其是勇敢善戰。現在英國治印度，常常到尼泊爾去招廓爾略人當兵來壓服印度，英國能夠滅很大的印度，把印度做殖民地，但是不敢輕視尼泊爾，每年還要津貼尼泊爾許多錢，才能派一個考察政治的駐紮官。像英國是現在世界上頂强的國家，尚且是這樣恭敬尼泊爾，可見尼泊爾是亞洲的一個强國。尼泊爾這個强國對於英國是怎麼樣呢？英國强了一百多年，英國滅印度也要到一百多年，尼泊爾和英國的殖民地，密邇連接有這樣的久，不但是不到英國去進貢，反要受英國的津貼。至於尼泊爾對於中國是怎麼樣呢？中國的國家地位現在一落千丈，還趕不上英國一個殖民地，離尼泊爾又極遠，當中還要隔一個很大的西藏，尼泊爾至今還是拜中國爲上邦。在民國元年還走西藏到中國來進貢，後來走到四川邊境，因爲交通不方便，所以沒有再來。就尼泊爾對於中國和英國的區別，諸君看是奇怪不奇怪呢？專拿尼泊爾民族對於中國和英國的態度說，便可以比較中國的東方文明和英國的西方文明。中國國勢雖然衰了幾百年，但是文化尙存，尼泊爾還要視爲上邦。英國現在雖然是很强盛，有很好的物質文明，但是尼泊爾不理會。由此便可知尼泊爾眞是受了中國的感化，尼泊爾視中國的文化，才是眞文化；視英國的物質文明，不當作文化，只當作霸道。」（捌—三二〇）

惟吾人欲以仁義道德感化歐洲人，使其從事和平，歸還我之權利，實等於與虎謀皮，恐難達成願望。祗有聯合我亞洲九萬萬人之力量，以要求其歸還，則彼之橫行霸道，終不敵我之正義人道。況現在世界文化潮流，英、美亦漸趨向仁義道德，可見西方之功利强權文化，行將屈服於我東方之仁義道德文化矣。果能如是，則世界文化，自日臻於光明也。民國十三年十一月在日本神戶　國父講大亞洲主義時又言：

「不過對於歐洲人，只用仁義去感化他們，要請在亞洲的歐洲人，都是和平的退回我們的權利，那就像與虎謀皮，一定是做不到的。我們要完全收回我們的權利，便要訴諸武力。……我們中國人數有四萬萬，向來雖然愛和平，但是爲生死的關頭也當然是要爭鬬的，當然有很大的武力。……歐洲人數不過四萬萬，我們亞洲全部的人數有九萬萬。用四萬萬人的少數來壓迫九萬萬人的多數，這是和正義人道大不相容的；反乎正義人道的行爲，終久是要失敗的。而且在他們四萬萬人之中，近來也有被我們感化了的。所以現在世界文化的潮流，就是在英國、美國有少數人提倡仁義道德；至於在其他各野蠻之邦，也是有這種提倡。由此可見西方之功利强權的文化，便要服從東方之仁義道德的文化。這便是霸道要服從王道，這便於世界的文化，日趨於光明」。（捌—三二一）

觀於以上所言，具見 國父欲以東方之王道文化，感化西方人士，使其棄霸道而行王道，則世界和平，天下爲公，實現孔子之大同政治思想。而吾黨之三民主義，亦將宏揚於全球矣。惟國父以爲欲世界和平，應先謀東亞之和平，是以當時致書日本執政者之寺內正毅，力言國與國間，應主持正義，互相支援，始可憑正義以獲得和平。蓋正義始終不變。而武力則遞有盛衰，盛時人固畏而暫服，衰時人卽起而反抗，所謂：「以力服人者，非心服也，力不贍也。」時我國革命告成，建立民主政體，已歷九載，而北方軍閥，猶思以武力傾覆民國。日本執政者又以財力武器，暗助其叛亂。故 國父曉以正義之可貴，武力之不足恃，冀其有所省悟而翻然變計也。民國六年 國父致日人寺內正毅書曰：

「自閣下當政以來，私心竊喜，以爲日月之光，所照必遠，文同處亞洲，不禁額手稱慶。文竊以爲東亞之和平，與中日將來之發展，必待兩國人眞正之提携，故吾人信近年來貴國朝野之士，主張掃去兩國誤解，圖眞正之親善，實爲不易之良策，而欲以此意喻之於中國國民，顧不幸以吾國民智未進，於東亞大勢能了解者較稀。而貴國政治家之誠意，又爲其所採手段所累，不能見信於中國之民，每於國際問題興起，中國人每疑貴國之親善爲有野心。而吾人平素主張親善者，因之亦無由代白貴國之誠意，此吾人所最爲遺憾者也。今中國已以時勢要求，成爲民國，而舊派武人，猶思以武力傾覆之，故變亂反覆無已。在此時期，貴國能徹底援助主持正義之一方，使其革新遂行無阻，自足以收永遠平和之效，而人民亦感激了解貴國之誠意，親善之實自舉。若不然者，則於新舊衝突之際，於表面標榜中立，而實際則不問正義之所在，惟與武力優者爲友，人民因之信貴國之言親善，爲以圖利爲旨，非出義俠之情矣。抑此武力一時優勢，非可久長。當清之季，人以爲其力足以防制漢人，而不知漢人一奮，不復能制。袁世凱之盛也，人以爲其力足以壓服民黨，統一全國，而不知其一旦稱帝，抗者四起。今者北洋軍人，雖以武力破約法，毀國會，囚總統，有似優勢矣，而其非能統一長久，亦已炳然。縱使貴國加以援助，終難使民心悅服，此貴國政治家所最宜注意之時機也。彼以武力勝於一時，已招人民之憤。若貴國更援其武力，則怨毒將隨之向於貴國之人。彼既以武力佔優勢，始得貴國之援，則其心以爲我縱無援，亦必得勝。不感貴國之援助，而反苦其要求，益煽其人民，使之排斥，徵之前事，歷歷可知。彼舊派武人固宜如是，卽使民黨易地處此，亦豈能推誠相信乎。爲貴國計，惟以正義定所當助者，卽助之於無力之時，使其成功，必感激於眞正之援助，信其非出私圖，親善之感情可結，東亞之和平可期也。夫正義始終不變，武力則遞有盛衰。試觀辛亥革命之前，癸丑喪敗以後，民黨有何勢力，而卒能傾覆清室與袁氏，則知武力可由正義以發生。今日所視爲無力者，未必不有奮發之期，以武力勝正義者，終不能長久。若隨武力以爲親交，則反於正義之人，常不憚徼倖以武力傾正義。主正義者縱使屈敗，亦惟有竭其力以與爭。一勝一敗，中國永無寧日，而貴國益召怨尤，東亞何由而平和？兩國何緣而親善？若能表示援助正義之態度，則彼反於正義惟恃武力者，將必自省而不恣其武力。正義完全勝利之後，亦更無反動之可生。得貴國之正義的援助而勝利者，自能了解東亞和平發達之眞正意義，擧親善之實，雖有離間猜疑，不得入於其間，此吾人所深望於貴國者。而以貴國古來相傳義俠之精神，來深信其必能受納此竭誠之披瀝，有以副吾人之望也。」（玖—三〇五）

第三目 正義足以抗拒威脅利誘

國父既主以仁義道德之正義，建立民國，使全民皆得享受平等自由之幸福。而野心者流，思以兵力金錢，威脅利誘，以遂其竊國之陰謀。當時國會議員之不明大義者，亦從而附和之。故國父勸其力持正義，毋爲威屈，毋爲利動也。民國十二年 國父致國會議員書云：「夫今日之所謂北京國會者，合法與否，尚屬問題；再加以非法之行，其何以對天下？文與國會諸公，始終相共，務望勸告同人，各盡所能，力持正義，其有以兵力金錢圖竊國權者，當以去就相抵抗，文必爲諸公後盾」。（玖—六二三）

第三節 不平爲人類一切紛擾之原因

第一目　眞平等與假平等

革命爲打破人類之不平等，使之平等。然平等非自天賦而由人爲，因各人之聰明才力，天賦不同，故其造就，遂有聖、賢、才、智、平、庸、愚、劣之區別，由是各出所能以盡其職責。驟視之似不平等，而在政治上之立足點，則都是平等，此可謂之眞平等。若不顧聰明才智之差異，而欲使聖、賢、才、智、平、庸、愚、劣，皆處於平等地位，此乃强使之平，必使世界無從進步，人類亦將退化，名爲平等，實則假平等而非眞平等也。故　國父列示三圖，闡明平等之眞正意義，毋使人有誤解耳。民國十三年在廣州大本營　國父在民權主義第三講有言：

「革命的始意，本爲人類打破不平等，到了平等以後，原可了事。但是佔了帝王地位的人，每每假造天意，做他們的保障，說他們所處的特殊地位，是天所授與的，人民反對他們，便是逆天。無知識的民衆，不曉得研究這些話，是不是合道理，只是盲從附和，爲君主去爭權利，來反對有知識的人民，去講平等自由。因此贊成革命學者，便不得不創天賦人權的平等自由這一說，以打破君主的專制。學者創造這一說，原來就是想打破人爲之不平等的。但是天下的事情，的確是行易知難，當時歐洲的民衆都相信帝王是天生的，都是受了天賦之特權的，多數無知識的人總是擁戴他們，所以少數有知識的學者，無論用甚麼方法和力量，總是推不倒他們。到了後來，相信天生人類都是平等自由的，爭平等自由是人人應該有的事，然後歐洲的帝王，便一個一個不推自倒了。不過專制帝王推倒以後，民衆又深信人人是天生平等的這一說，便日日去做工夫，想達到人人平等。殊不知這種事情是不可能的。到了近來科學昌明，人類大覺悟了，才知道沒有天賦平等的道理，假若照民衆相信的那一說去做，縱使不顧眞理，勉强做成功，也是一種假平等，像第二圖一樣，必定要把位置高的壓下去，成了平頭的平等，至於立脚點還是彎曲線，還是不能平等，這種平等不是眞平等，是假平等。說到社會上的地位平等，是始初起點的地位平等，後來各人根據天賦的聰明才力，自己去造就，因爲各人的聰明才力有天賦的不同，所以造就的結果，當然不同；造就既是不同，自然不能有平等，像這樣來，才是眞正平等的道理。如果不管各人天賦的聰明才力，就是以後有造就高的地位，也要把他們壓下去，一律要平等，世界便沒有進步，人類便要退化。所以我們講民權平等，又有世界有進步，是要人民在政治上的地位平等。因爲平等是人爲的，不是天生的；人造的平等，只有做到政治上的地位平等。故革命以後，必要各人在政治上的立足點都是平等，好像第三圖的底線，一律是平的，那才是眞平等，那才是自然之眞理。」（壹—七三）

附圖

第一圖　不平等

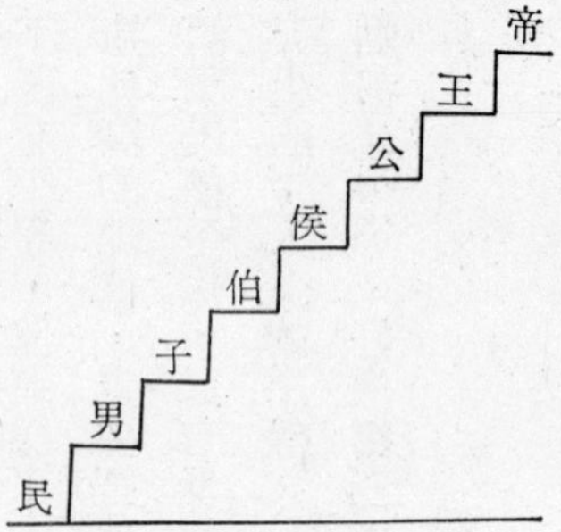

第二圖　假平等

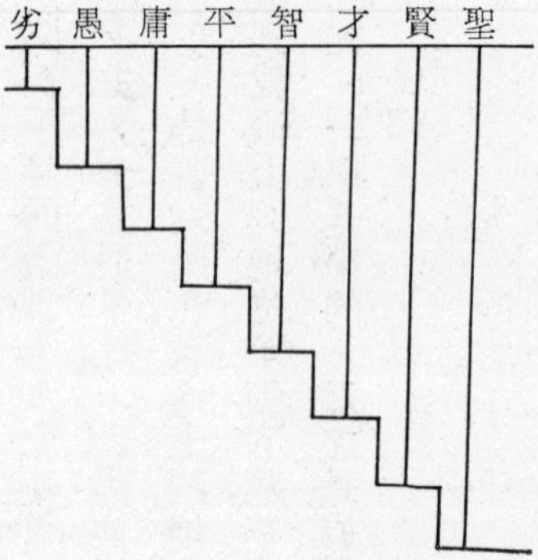

第三圖　眞平等

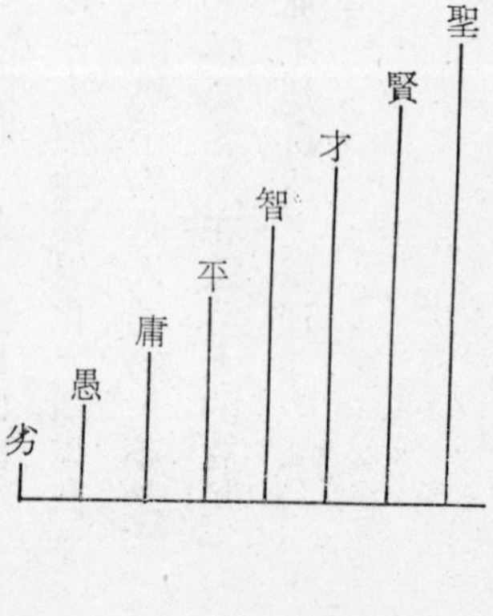

第二目　「和諧」與「平等」爲實現和平的條件

我國自古以農立國，故施行仁政，必自經界始，經界既正，分田制祿，自無不平之患，而紛擾亦自無從發生。所以孟子謂：「可坐而定也。」惟暴君汙吏，必慢其經界，自身庶可達「混水摸魚」之目的，社會則產生大地主剝削佃農之現象，前者可坐享其成，不勞而獲，後者則終歲勞動，僅得一飽，不平孰甚。故　國父於民生主義中，主張平均地權，以達成爲多數人謀幸福之目的。民國元年在廣州行轅　國父對議員記者說：

「革命乃爲多數人謀幸福，若地權不平均，則不能達多數人幸福之目的。」（捌—一一〇）

本黨之三民主義，其目的在於掃除一切不平等。　國父勉勵同志，共同解決此一問題，以適應世界潮流。民國九年在上海本黨本部　國父有言：

「……我們的三民主義，應該一貫做去，掃除一切不平等的事。如民族主義，即是掃除種族之不平；民權主義，即是掃除政治之不平；民生主義，即是掃除社會之不平。這種種的不平，既然都在眼前，所以我們同時就要解決，免得枝枝節節，而且不如是就永遠不能適應世界的潮流了。」（捌—一〇九）

第三目　堅持廢除不平等條約

清廷末葉，政治腐敗，武備不修，自甲午鴉片戰爭以至八國聯軍之役，列強紛紛迫訂不平等條約，於通商口岸開闢租界，設立治外法權，利其國人來華經商傳教。喪權辱國，莫此爲甚，國父痛心疾首，時思廢除此約，以雪國恥。民國十三年在上海與日本記者談話時　國父有言：

「余須警告外人，即上海在中國境內，外人僅立於賓客地位，我華人實爲主人翁，此節外人須牢記。租界遲早必須收回，華人對於收回租界事，久有非常之決心也。」（拾壹—五五）

國父深知中國之所以不能統一，由於受不平等條約之束縛，因在華外人，往往利用此條約以圖私利，不顧公道，深恐中國統一，國力强盛，廢除不平等條約，使其無所憑藉，爲所欲爲，故用種種方法，阻撓中國統一，而國人受苦深矣。如以此不平等條約，施之於列强各國，當亦不能忍受，所謂：「已所不欲，勿施於人。」者也。且廢除不平等條約，對於各國，一時似雖有損，然另訂互惠條約，日後必可獲利。

國父對日本記者之再三勸告，希望日人覺悟，率先提倡廢除，其爲國人謀自由平等，無不時時在念，故於遺囑中，猶諄諄以此相誡，並望於最短期間能使之實現。今者總裁　蔣公，果於民國三十二年一月十一日，經各國同意，廢除是約，以完成　國父之遺志，而慰其在天之靈。民國十三年在日本神戶　國父對新聞記者言：

「統一是中國全體國民的希望。能够統一，全國人民便享福，不能統一便要受害。日本人在中國不能做生意，間接也要受害。日本人熱誠的希望中國統一，這是我們中國人相信的。不過統一之可能與不可能，不關乎中國的內部問題。中國革命以來，連年大亂，所以不能統一的原因，並不是由於中國人自己的力量，完全是由於外國人的力量！爲甚麼中國不能統一，其中的原動力，完全是由於外國人呢？這個緣故，就是因爲中國和外國有了不平等的條約，每個外國人在中國總想利用那些條約來享特別權利。近來西洋人在中國，不只利用不平等條約來享特別權利，並且在那些特權之外來妄用條約，濫用條約。這種外國人只顧自己的私利，不問良心，不顧道理，專在中國搗亂。現在中國這種搗亂的外國人實在不少，每一個外人在中國，就是一個皇帝。這一個皇帝就很可以利用一個大武人，來聽他的話，或者是利用一部份的人，來聽他的話。由於這種情形，外國人在中國不只是利用不平等的條約，並且濫用那些不平等的條約。外國政府和主張公道的人，在本國或者不知道他們這些人在中國的行動，因爲他們本國不知道，便一意孤行，爲所欲爲，所以中國人便因此大受痛苦。」

（拾壹—五九）

「那些不平等條約，各國政府同人民，老早知道不公平，自己問良心不過，所以便有主張更改或廢除的。譬如在庚子年中國一敗塗地，英國立有馬凱條約，還主張治外法權要改良，海關同租界要交回。由此可見外國人問良心不過，還是有很公平的主張。就是近來華盛頓會議，也主張放鬆束縛中國的條約。由此又可見凡是問良心不過的人，都有公平的主張。而且要世界眞是和平，要各國在中國不致因權利相爭，更非廢除那些條約不可！要做這件事，沒有別的困難；困難是在外國的外國人，不能完全知道那些條約不公平。在中國的外國人，又非此不能生活，若是有那些條約，他更可以驕侈淫逸，假若廢除那些條約，便斷絕他們的生路。他們因爲要保全自己的生路，所以總是以那些條約爲護身符，總是利用那些條約來擾亂中國，不許中國統一。因爲怕中國統一了，便用公文向外國政府要求廢除，外國政府一廢除了，便斷絕他們在中國的生路。外國主張公道的人，一定是主張廢除的。不過那些在中國做官的、當偵探的和做生意的許多外國人，爲保全自己的生活，所以要保全那些不平等的條約，所以借那些條約來搗亂。我們中國此刻能不能廢除那些條約，關鍵不在別國人，完全在日本的國民能不能夠表同情！若是日本國民能夠表同情，中國的條約便馬上可以廢除。倘若不能表同情，中國便一時不能廢除。依我看來，日本在三十年前也受過了這種痛苦，如果有同情心，推己及人，自己受過了的苦，當然不願別人再受，當然要幫助中國廢除那些條約。中國只要得了日本的幫助，想要廢除條約是不成問題的。就眼光很小的日本人看來，以爲中國廢除了那些條約，日本要失去許多已往的權利。就拿自由增加關稅一層論，日本的生意，目前便要受損失。但是用遠大的眼光看起來，這種損失，都是眼前的小權利，如果幫助中國廢除了不平等的條約，當然可以得中國的人心。日本完全得到了中國的人心，以後的大權利，便無可限量。譬如中國廢除了條約，要行保護稅法，自由增加關稅，日本自然要受損失。但是日本幫助中國，中國國民眞是感激日本，中日兩國便可以合作互助，另外再立互助的條約——像經濟同盟和攻守同盟，那些互助的條約，都可以再定——假若中日兩國眞正做到了攻守同盟，日本所得的權利，當然要比現在所享的權利大過好幾百倍或者是幾千倍。若眞是有遠大眼光的人，要爲將來幾百倍幾千倍的大利，當無不可犧牲目前和以往的這種小權利。諸君今天歡迎我，我爲貴國的將來大權利起見，所以勸貴國犧牲目前的小權利。」（拾壹—六○）

民國十三年十二月，　國父在北嶺丸中對門司新聞記者談話有云：

「所有中國同外國所立的一切不平等條約，都是要改良，不只是日本所立的二十一條的要求，二十一條的要求，也當然是在要改良之列。中國的古語說：『己所不欲，勿施於人。』假若美國對於日本也有二十一條的要求，你們日本是不是情願承受呢？當然是不情願的。既是自己不情願，拿出恕道心和公平的主張出來，當然不可以己所不情願的要求來加之於中國。你們日本便應該首先提倡改良！」（拾壹—六三）

第四節　平等自由之眞義

第一目　爭取平等先求諸己

禮云：「男子治外，女子治內。」積習相沿，故我國女子，自昔對於外事，不大過問，以爲此乃男子分內應盡之職責。自　國父倡言革命，重視平等，已可於以上各節中見之。惟欲爭取平等，應先盡其在我，而後可以達致。故同盟會女同志以黨綱刪去男女平權之條文，表示不滿。國父告以此乃多數人之公意，非少數人所可挽回。並勉以提倡女子教育，使學問知識，立於與男子平等地位，則將來男女平權，自不成問題矣。此卽孟子所謂：「行有不得者，則反求諸己。」

之自省功夫也。試觀今日憲法，不已確立男女平權乎！民國元年 國父復同盟會女同志書云：「男女平權一事，文極力鼓吹，而且率先實行，試觀文到京以來，總統府公宴，參議院公宴，皆女客列上位可證也。至黨綱删去男女平權之條，乃多數男人之公意，非少數可能挽回，君等專以一二理事人爲難無益也。文之意，今日女界宜專由女子發起女子之團體，提倡教育，使女界知識普及，力量乃宏，然後始可與男子爭權，則必能得勝也，未知諸君以爲然否？更有一言奉獻，切勿倚賴男子代爲出力，方不爲男子所利用也。此復，並期努力進行。孫文謹啓、九月二日。」（玖——一六六）

第二目 自由應以團體爲重

一國之政治腐敗，人民乃起而革命，如夏桀商紂，暴虐無道，乃有湯、武革命，救民水火之行動。故革命實爲對政治革故鼎新之事業，而此一事業，非少數人所能解決，必須集結多數志同道合者以圖之。故凡參加革命者，應知此一原理。自始至終，必須團結一致，乃能以革命的方法，使政治改革，發生新的力量，然後進而成爲强國。蓋國家爲體，政府爲用，以修明之政治，共同努力，施行於國，則國自治。否則一盤散沙，政治解體，何能望革命之有成。故欲從事革命，應先犧牲個人之自由，而使團體有自由，乃能發揮團體精神，羣策羣力，踔厲奮發，以底於成。

如祇知爭取個人自由，而不顧及團體自由，尚何革命可言。至於無政府主義，尤爲荒謬絕倫。當年　國父將離粵北上，對黃埔軍校同學作此自由眞諦之懇切告別詞，使同學知所遵循。後果賴此一支生力軍，完成北伐，統一中國，則　國父之訓誨實有莫大之效力焉。其詞曰：

「中國革命之所以失敗，是誤於錯解平等自由。革命本來是政治事業，如果當軍人的說不懂政治，這好比是常人說不懂食飯、穿衣、睡覺一樣。食飯、穿衣、睡覺，都是做人的常事，是人人應該有的事，試問一個人可不可以不知道做人的常事呢？無論那一個人，都是應該要知道做人的常事的；大家都能夠知道做人的常事，就是政治。大家能夠公共團結起來做人，便是在政治上有本領的人民；有本領的人民，組織成强有力的國家，便是列强；沒有本領的人民所組織成的國家，便是弱小。弱小都是被列强壓迫的。無論那一個國家，不管他是不是强有力，祇要號稱國家，都是政治團體。有了國家，沒有政治，國家便不能運用；有了政治，沒有國家，政治便無從實行。政治是運用國家的，國家是實行政治的，可說國家是體，政治是用。根據這個解釋，便知道政治的道理，簡而易明，並非是很奧妙的東西。大家結合起來，改革公共的事業，便是革命。所以說革命，就是政治事業。中國近來何以要革命呢？就是因爲從前的政治團體不好，國家處在貧弱的地位」，愛國之士，總要想改良不好的舊團體，變成富强的地位。這種改良，要在短時間或者是一朝一夕之內成功，便是革命。我們發生了革命，爲甚麼又被平等自由的思想打破呢？因爲做人的事，在普通社會中有平等自由，在政治團體中，便不能有平等自由。政治團體中的分子有平等自由，便打破政治的力量，分散了政治團體。所以民國十三年來革命不能成功。就是由於平等自由思想，衝破了政治團體。就政治團體的範圍講，或者是國家，或者是政黨，就平等自由的界限說，或者是本國與外國相競爭，或者是本黨與他黨相競爭，都應該有平等自由。不能說在本國之內，或者是在本黨之內，人人都要有平等自由。我們中國人講平等自由，恰恰是相反。無論甚麼人在那一種團體之中，不管團體先有沒有平等自由，總是要自己個人平等自由。這種念頭，最初是由學生衝動，在形成事實之初，不知道拿到別的地方去用，便先拿到自己家內用，去發生家庭革命，反對父兄，脫離家庭。再拿到學校內去用，鬧起學潮來。這種事實，在大家當然是見得很多，做得也很多。大家要鬧學潮，或者自以為很有理由，所持的理由，總不外乎說先生管理不好，侵犯學生的平等自由，學生要自己的平等自由不被先生侵犯，要爭回來歸自己保留，所以才開會演說，通電罷課，驅逐先生，拿這個理由來鬧風潮，口口聲聲總是說革命，實在不知道革命究竟是一回甚麼事，不過拿學校做自己的試驗場，用先生供自己的試驗品罷了。我們革命黨內的情形，也是這一樣。革命的始意，本來是為人民在政治上爭平等自由，殊不知所爭的是團體和外界的平等自由，不是個人自己的平等自由。中國現在革命，都是爭個人的平等自由，不是爭團體的平等自由，所以每次革命，總是失敗。中國革命風潮發生最早的地方，是在日本東京。當時都是以留學生為基礎，留學生最盛的時代，有兩萬多人。那些留學生都是初由中國各縣，到日本東京，頭腦極新鮮，很容易感受革命思想，一感受了革命思想之後，便集會結社，要爭平等自由。但是他們那種爭平等自由的目的，都不知道為團體去用，只知道為自己個人來用。所以當時結成的團體，雖然是風起雲湧，有百十之多，但是不久，所有的團體，便烟消雲散。團體存在最久的，不過是一兩年，短時間的，都祇有幾個月，便無形消滅。那些團體為甚麼那樣容易消滅呢？我以為很奇怪，便過細考查那些團體的內容，始知道那些團體，當初結合，並沒有甚麼特別主張，只知道爭個人的平等自由。甚至於在團體之中，並沒有甚麼詳細章程，凡事都是亂雜無章，由各人自己意氣用事，想要怎樣做，便是怎樣去做，所謂人自為戰。眞是强有力的人，或者能够做成一兩件事，大多數都是一事無成，只開一個成立會，大家到會說些爭平等自由的空話，便已了事。因為大家都是為個人爭自由平等，不為團體去爭自由平等；只有個人的行動，沒有團體的行動，所以團體便為思想所打破，不久就無形消滅。學生在求學的時代，便是這種行動，到了後來為國家做事，一切行動，不問可知。更有許多無路可走的學生，毫不知道政治社會的道理及中國的國情，又想在社會上出風頭，便競奇立異，採歐美沒有根據的新學說，主張革命，要無政府，自稱為無政府黨。殊不知道革命的目的，就是要造成一個好政府，他們這種主張，在政治原理上自相矛盾，眞是可笑已極。推到無政府的學說之來源，是發生於俄國，俄國學者之所以要主張無政府，就是因為從前俄國的舊政府太專制，為萬惡之源，人民痛苦難堪，所以社會上便發生無政府學說的反抗。俄國創造無政府學說的祖宗，就是大家所知道的巴枯寧。其後又有一個王子，叫做克魯泡特金，用科學的道理，把無政府的學說，推到極端。這種無政府的學說，在俄國可算是極發達。從前俄國應用這種學說來革命，許久都不能成功。俄國發生這種革命，是繼法國革命之後，有了一百多年，都不能成功。到七年之前，再發生一種革命，一經發動，便大功告成。我們中國革命，以前的不說，祇說最近的到今日也有了十三年，這十三年的革命，還是不成功。講到俄國從前一百多年的革命，不能成功，我們中國近十三年的革命，也是不成功。俄國七年前的革命，便徹底成功，這個原因，是在甚麼地方呢？簡而言之，俄國近來革命之所以成功的道理，就是由於打消無政府的主張，把極端平等自由的學說，完全消滅。因爲俄國有這種好主張，所以他們近來革命的效果，比較美國、法國一百多年以前的革命之效力還要宏大，成績還要圓滿。他們之所以能够有這種美滿成績的原因，就是由於俄國出了一個革命聖人，這個聖人便是大家所知道的列寧（錄者謹按：國父才是現代最偉大的聖人），他組織了一個革命黨，主張要革命黨有自由，不要革命黨員有自由。各位革命黨員都贊成他的主張，便把各位個人的自由，都貢獻到黨內，絕對服從革命黨的命令。革命黨因爲集合許多黨員的力量，能够全體一致，自由行動，所以發生的效力便極大，俄國革命的成功便極快。俄國的這種革命方法，就是我們的好模範（錄者謹按：國父所言可以作爲模範者，是指「方法」——「要革命黨有自由，不要革命黨員有自由」的

「方法」，而不是指「主義」，應加注意）。中國革命，十三年來都是不成功。你們黃埔的武學生，都是從各省不遠數百里或者是數千里而來，到這個革命學校來求學，對於革命，都是有很大希望很大抱負的；廣大的文學生，今日也是不遠數十里到黃埔來聽革命的演說，研究革命的方法，對於革命前途，也當然是很希望成功的。大家要希望革命成功，便先要犧牲個人的自由，個人的平等，把個人的自由平等，都貢獻到革命黨內來，凡是黨內的紀律，大家都要遵守；黨內的命令，大家都要服從。全黨運動，一致進行，只全黨有自由，個人不能自由，然後我們的革命，才可以望成功。」（捌—一八三）

國父於告別黃埔軍校同學詞中，訓勉爲革命黨員者，皆須以一己之平等自由，貢獻於黨，服從黨之全權處理，而革命始可成功。迨革命既成，黨員自得享受平等自由之權利。是猶商人投資營業，必至相當時期，方可分受盈餘之紅利。蓋自由平等，非一蹴可幾，必先犧牲而後可以獲致也。 國父有言：

「中國把社會上的人，分作士農工商四大類，商人居於最末級地位，知識極簡單，他們獨一無二的慾望，總是惟利是圖，想組織大公司，賺多錢。但是股東一投資之後，不能就說要分紅利。商人在當初組織公司，參加合股的時候，就想要分紅利，要達到賺錢的目的，是決計沒有的事，無論甚麼愚蠢的商人，先也知道要拿本錢去附股；附股之後，究竟可以賺多少錢，也不能預先決定，不過希望要將來能夠賺錢，現在就不能不投資。希望要將來能夠賺多錢，現在就不能不多投資。我們革命黨都是有知識的階級，都是聰明過商人，結成一個團體來革命，是不是應該先就要把本錢拿出來呢？這個道理，不必詳細講，諸君當然可以明白。商人做生意的資本是錢，我們革命的資本是甚麼東西呢？商人附股是拿出錢來，我們參加革命黨，要貢獻甚麼東西呢？我們參加革命黨，要貢獻的東西，就是自己的平等自由。把自己所有的平等自由，都貢獻到黨內，讓黨中有全權處理，然後全黨革命，才有成功的希望。全黨革命成功之後，自己便可以享自由平等的權利。……革命的道理，不管大家知道不知道，祇要能夠學商人，便能夠成功。商人本是多財善賈，根本上還是要有本錢才成，沒有本錢，甚麼生意都不能做。許多革命黨員不肯犧牲個人的平等自由，就是沒有本錢，他們以為一參加革命，就是為爭自己眼前的平等自由。商人要分紅利，必須有時間問題。以商人的思想簡單，尚知道有時間問題，尚知道要等候；難道我們有知識的階級，尚且不如商人嗎？黨員在黨內不能任意平等自由，好像股東在公司之內，不能任意收回本錢一樣。大家要來參加革命，頭一步的方法，就是要學商人，拿出大本錢來。我今天到此地講話，是要離開廣東北上，臨別贈言，沒有別的話，就是要大家拿出本錢來，犧牲自己的平等自由，更把自己的聰明才力，都貢獻到黨內來革命，來為全黨奮鬥，大家能夠不負我的希望，革命便可以指日成功。」（捌—二八五）

（錄者謹按：本演講係民國十三年十一月三日　國父離粵北上前對黃埔軍官學校告別詞，翌春（十四年三月十二日）卽病逝北平，初不料此卽對軍校之最後遺箴也，語重心長，言言金玉， 國父以身作則，至誠動人，追昔撫今，能無感念！）

第五節 興滅繼絕理論之產生

人類進化既以互助爲原則，自不應再有強凌弱，衆暴寡之事實存在，殖民地之理論與事實，亦隨之而根本動搖。故 國父之民族主義，亦以民族平等爲基礎，由不平而產生國家民族之滅絕，不應存在，是故滅者興之，絕者繼之，乃爲必然之結果。今日之聯合國爲一百三十餘國所組成，其中三分之二，爲滅而復興，絕而復續之國家，其開端爲開羅會議，苟無中國之主張與美國之支持，英俄之不得不順應世界之潮流，則中國本身之獨立自由不可得，將何能爲亞洲各殖民地解放之模範，亞洲各殖民地之不能獲得獨立自由平等，其尙有非洲及世界其他各地之殖民地之獲得獨立自由平等乎。今日聯合國內容之擴展，實爲中國興滅繼絕之理論所造成也。

第一目 中國之道統

國父之從事於興滅繼絕，如此其不稍弛懈者，欲保存我五千餘年之炎黃民族及中華之傳統文化，故其推崇古之帝王，如堯、舜、禹、湯，以至於周之文、武，才智超羣，道德高尙，乃能以不忍人之心，行不忍人之政，組成一良好政府，自親親而仁民，仁民而愛物，垂德業於萬世。而國父之三民主義，亦以人民爲主體，處處爲人民謀自由平等之幸福，卽孟子所謂「民爲貴」之意義。故三民主義，實繼承我固有之道德傳統，而又參酌西方共和政體之學說事績，以及國父所獨見而創獲以訂製者，可謂集古今中外政治思想中優點之大成，而順乎天理，應乎人情，適乎世界之潮流，合乎人羣之需要，實爲進世界於大同之寶笈也。國父在民權主義第五講中有言：

「中國自革命以後，成立民權政體，凡事都是應該由人民作主的；所以現在的政治，又可以叫做民主政治。換句話說，在共和政體之下，就是用人民來做皇帝。照中國幾千年的歷史看，實在負政治責任爲人民謀幸福的皇帝，只有堯、舜、禹、湯、文、武，其餘的那些皇帝，都是不能負政治責任爲人民謀幸福的，所以中國幾千年的皇帝，只有堯、舜、禹、湯、文、武能夠負政治責任。上無愧於天，下無怍於民。他們所以能夠達到這種目的，令我們在幾千年之後，都來歌功頌德的原因，是因爲他們有兩種特別的長處：第一種長處，是他們的本領很好，能夠造成一個良好政府，爲人民謀幸福。第二種長處，是他們的道德很好，所謂『仁民愛物』，『視民如傷』，『愛民若子』，有這種仁慈的好道德。因爲他們有這兩種長處，所以對於政治能夠完全負責，完全達到目的。」（壹—一〇一）

第二目　國人之理想世界——大同

道德的基本要求，是「去私心存公道」能去私心，乃能隨時顧及他人，不會强人從己，且能愛人如己，惟其如此，乃能「愛其所同，敬其所異」，忍小異而持大同，由和諧而建平等，人類之幸福，乃能奠其基礎，是故孔子政治哲學之終極，卽爲世界大同。其言曰：「大道之行也，天下爲公。選賢與能，講信修睦，故人不獨親其親，不獨子其子，使老有所終，壯有所用，幼有所長，矜寡孤獨廢疾者皆有所養，男有分，女有歸。貨惡其棄於地也，不必藏於己；力惡其不出於身也，不必爲己。是故謀閉而不興，盜竊亂賊而不作，故外戶而不閉，是謂大同。」國父卽據此道統，以倡導革命。並以大道之行之基本條件，在于公字。然而當時之世界形勢，輒恃强權，鮮講公理。如欲剷除此一惡濁習氣，非有高尚思想，强毅能力，不足以除舊布新。因舉孔子之政治理想，期能于今世見其實現，則人類之幸福可期，大道自得暢行無阻，而世界乃能登於大同之域矣。民國十一年　國父在桂林對滇贛粵軍訓話，有言曰：

「吾人生在惡濁世界中，欲打破此舊世界，剷除一切煩惱，以求新世界之出現，則必有高尚思想，與强毅能力以爲之先。在吾國數千年前，孔子有言曰：「大道之行也，天下爲公」。如此，則人人不獨親其親，人人不獨子其子，是爲大同世界，卽所謂「天下爲公」。要使老者有所養，壯者有所營，幼者有所教。孔子之理想世界，眞能實現，然後不見可欲，則民不爭，甲兵亦可以不用矣。」（捌—一四七）

第三目 國際間人力資源之合作

國父鑒於我國之資源富足，人力充沛，而科學落後，不能從事建設。故欲採取大同章之人力資源開發之原則，寫成「實業計劃」(即建國方略中之物質建設部份)一書，以國際開發中國實業爲示範，而首先以德國之科學技術，配合我之廣大人力，開發資源，則彼此互助，各得其益。所謂取彼之長，補我之短，以我有餘，濟人不足。此 國父欲攻玉他山，以富强我國也。民國十二年 國父復鄧家彥書云：

「孟碩兄鑒：六月二十三日函悉。此間現在財政極困，說不起買軍械事。至於飛機，自己可造，目前已造成第一架，比之外國所造者尤甚，此後當陸續自造，不須外來矣。兄前各信多已收到，曾親答一函，未知收到否？此間因需德專門技師，然零星延聘，無補於事，必也與德國資本實業家如Sirnnes者及其政府訂一大建設計劃：中國以物資人力，德國以機器科學，共同合作發展中國之富源，改良中國之行政，整頓中國之武備。總而言之，卽借德國人才學問，以最速時間，致中國於富強，此步達到，則以中國全國之力，助德國脫離華塞條約之束縛。如德國政府能視中國爲一線之生機，中國亦必視德國爲獨一之導師。以德國今日廢置之海陸軍人才及製造武器、組織軍隊各等計劃及經驗，悉移來中國，爲中國建樹一强固國家，互於資助，則彼前戰敗而失去種種權利，必可由助成中國之富强而恢復之也。未知德國多數之政治家有此眼光否？望兄乘留德之機，向其政府及實業家游說之。如彼等有此見地，知兩國相需之殷，通濟之急，不以歐亞而歧視，種族而區別，則人道之大幸也。倘德國志士能從此途用工成中德兩國之提携，其功業必比於丕斯麥者尤大也，而兄又爲成此事之中介，則功業亦當在四萬萬人之上矣。幸爲相機圖之。此候旅安不一。孫文，八月十八日大本營。」（玖—六二六）

第四目　中國繫東亞與世界之和平

國父以爲欲使世界和平，須先使東亞太平，而東亞太平，尤須先使中國統一。否則中國如不統一，必致東亞大亂不已，世界亦不得和平也。且望國際間深信我有此能力，而不可絲毫懷疑耳。方今共匪竊踞大陸，肆行暴政，毀滅文化。而又於東亞鄰邦，徧布鷹犬，從事滲透，甚且助其組織武力，輸送軍械，以圖顚覆當地政府，致東亞戰亂頻仍，動盪不安，如再任其勢力蔓延，則舉世將無寧歲矣。故我國上下，團結一致，誓必殲此醜類，還我河山，我固有此信心，願國際間毋爲姑息之氣氛所蠱惑，互信我之信心，以臻於東亞與世界共享和平之幸福，而進於大同也。

民國十三年國父在上海丸上對日本人士談話：

記者問：「先生對於中國財政，有無辦法？」先生答：「中國當有辦法，不必借外債。中國經此大變以後。處理國事，當全由國民全體講話。日本人以後不要再誤會解決中國大事，還是任何軍人講話，或者任何外國人講話。我們這次來解決中國問題，對內是打破軍閥，對外要打破列強的干涉，完全由中國國民作主。」記者問：「先生這種意見，究竟能否實行？」先生答：「當然可以實行！我從前革命，要推翻滿清，一般日本人不相信有這個能力。近來革命，要推翻軍閥，一般日本人也是不相信有這個能力。但是在辛亥年已經推翻了滿清，最近又推翻了吳佩孚的軍閥。更進一步，以後中國國民，當然有能力來解決全國一切大事。日本新聞記者對於中國國民能力應該有這種信仰，不可有絲毫的懷疑，這個信仰是根本信仰。倘若中國國民無統一之力，東亞便要大亂不已，世界便不能和平！」（拾壹—五七）

第三章　立國之要素

第一節　共信與互信之建立

第一目　服從領袖愛護公理

國父於二次革命失敗後，改組本黨為中華革命黨，實行總理制，立誓約，訂新章，以統一事權，服從命令為要旨。乃同志中竟有誤解黨魁統一事權，則近於專制，黨員服從命令，則喪失自由，以互相標榜者。不知服從領導，則事權可統一，始能建立共信與互信以成事，此公理也。國父之於同志，惟求能和衷共濟，而不咎既往。故曰：「吾愛同志，吾尤愛公理」。初不以愛友之故，而不顧公理，致陷友於不義，此則君子愛人以德之厚道也。民國四年　國父與楊漢孫書，文曰：

「漢孫先生大鑒：七月三日手書誦悉。所屬望於聯絡進行者，意志深遠，顧其始末，有當為足下言者，自第二次革命失敗後，弟鑒於黨事之不統一，負責之無人，至於全盛之民黨，據有數省之財力兵力，而內潰逃亡，敵不攻而自破。懲前毖後，故有中華革命黨之改組，立誓約，訂新章，一切皆有鑑於前車，而以統一事權，服從命令爲主要。其時李協和，柏烈武，俱在東京，李卽以犧牲一己自由，附從黨魁爲屈辱；柏旣受盟立誓，卒爲人所動搖，不過問黨事。譚石屛之主張，略同於李。陳競存在南洋，弟前後數以書招之，亦不肯來。察此數人之言，大抵謂以黨魁統一事權，則近於專制；以黨員服從命令，則爲喪失自由。夫一國三公，祇足敗事，**政治上專制之名詞，乃政府對於一般人民而後有之，若於其所屬之官吏，則惟有使服從命令而已，不聞自由意思也。**故有言某國政府行專制於其官吏者，此直不成名詞。**而政權統一，與所謂專制政體，實截然兩事**，不可同日而語。吾人立黨，卽爲未來國家之雛形而在秘密時期，軍事進行時期，黨魁持權，統一壹切，黨員各就其職務能力，服從命令，此安得妄以專制爲詬病，以不自由爲屈辱者？陳、李、柏、譚始終强執，苟非不明，則我不識其何所用心矣。故天下苟有人能以其耳目手足爲革命致力者，弟無不歡迎之，企其一致進行。而所謂一致者，要如身之使臂，臂之使指，一體一志，無有差忒，而不可徒用虛名，不然，則是虛與委蛇者也，强爲撮合者也。陶成章、章炳麟，非皆同盟會會員乎？乃首先反對於黨內，俾敵黨得以乘之，而其爲害乃更烈。此正如來書所云，他日功成，更益以爭權爭利之私見，爲可患也。足下謂凡人同在患難之中，則杯酒可以釋嫌，此言良是。然弟於**此數人，絕無私恨，惟弟以統一事權，服從命令爲必要，而彼則以爲不然，又豈可以苟且彌**

縫，勉強聯絡者？語云『以前種種，都如昨日死；以後種種，方如今日生。』第二次革命，夫己氏之暴，不足言矣；而吾黨之當事司兵者，尙將誓師討賊，伸大義於天下，乃不戰而去，坐視數省之善良，恣受荼毒，曾不負其責任。苟以清夜之辰，反躬自問，則枕戈待旦，捲土重來，將有一息不能自安者。吾愛吾友，吾尤愛公理，其獨能同一宗旨目的，一致進行，則痛洗前恥，滅賊朝食，所以告無罪於國民者，寧有他道？而爲此大事，有所犧牲，亦寧足憚。若夫懷挾意見，不泯其私，藉有可爲之資，不爲討賊之舉，先樹異色之幟，如譚石屏所云殊途同歸者，途則殊矣，亦聽其所歸可耳。足下謂併以收羅天下之英俊；弟意亦重視天下未來之英俊，而不敢謂可與言大事者，祇前玆曾有資格地位之人。而所以能有資格地位者，亦祇由黨造成之，正宜復爲黨用之；否則無以爲未來之英俊勸。若名爲黨員，而依然自用，尤非勸也。然而海外遙隔，彼一是非，此亦是非，僑胞之視聽，有時混惑而不識所從；則見垣一方，不能不賴卓越之士爲之是正。今爲足下暢言之，即所以望也。專此，即頌道安。孫文，八月四日」（玖—一三二六）

當袁世凱帝制自爲，國父痛心疾首，以爲國家非私產，百姓非家奴，何可一人據而有之。故欲同志懲前毖後，進行革命，而革命之要，首在共信領導者，一切服從，而後意志統一，方能產生力量。民國四年國父致黃景南書，文曰：

「自本月十二日帝政實施，祖國前途，頓增黑暗；以先烈手造之共和，轉而爲袁氏一家之私產，四億同胞呑聲咽淚，稍有元良者，莫不以三次革命爲救國良藥。但革命之舉，事屬非常，欲求成功，不能不求以致成功之辦法。癸丑失敗以還，文鑒於前車，懲於覆轍，**知已往弊害，全坐不服從、無統一兩大端**，故本黨之立，開宗明義，一就規約，則心腹以之；至於謬稱同志，實懷野心，陽噓敵愾之詞，陰煽同室之鬩，似此徒輩，行等奸邪，苟非自固藩籬，必至紛無頭緒。蓋以**軍國大事，必如萬派朝宗，方能風起水湧**，維玆要點，夙夜兢兢。兩年以來，漸收良效，**凡百作事，先貴有決心，後貴有方針**，諸同志對於革命進行，既先下決心，看透亡國，卽無家可歸，而作毀家紓難之想，然後認定本部所委任或豫函介紹之特派員接洽，事事商酌辦理，則胸有成竹，自不致無所適從。各埠機關均以此諄諄告誡，區區意見，祈諸公亮察之。」（玖—二三五）

民主國家之建立，在於擁護約法，保障國會，而後國家得以治理。乃今之强權者，恃其兵威財力，毀約法，廢國會，則民主政治何所依託。於此而欲恢復之，不得不出於用兵之一途，故戰爭者，實被迫而出此不得已之行動耳。國父素主博愛，酷愛和平，苟執政者知所悔悟，共信本黨之主張，互信民主之確立，棄其非法亂命之行動，息戰罷兵，一聽國會解決，則 國父復有何求。民國七年 國父贊成李純和平救國主義通電，文曰：

「國亂經年矣，當列强環伺之時，爲鬩牆煮豆之舉，苟有人心，豈應若是？特好治者人之天性，戰爭者不得已之行爲，欲國家臻於和平，惟舉國一致尊重國法乃可。此次西南興師，目的止於擁護約法，根本主張，惟在恢復國會之効力，與求國會永久之保障耳。北方憂國同胞，亦無不共抱此旨，雖被武力壓伏，意不得宣，然觀北方議員之所主張，自可徵其趨向。蓋民主主義，爲世界自覺國民信奉之正義，議員政治，爲近代國家共由之正軌。民國肇造之基，實建於此。操政者，苟能尊重民國之國本，則其政治生命可全，反是則未有不踣者。以項城之雄，尤不免於自斃，不如項城者，更何足言！執權者若能共喻斯旨，棄其非法亂命息戰罷兵，**一切解決，悉聽國會，則國是既一，大亂立定。若徒恃個人之智與力，以圖保持權位，不特戰禍延長，殃及國脈，卽於各執權者自身，亦爲速亡之道。**南京李督軍本息事寧人之心，倡平和救國之議，叠次通電，語重心長。文素以博愛爲信條，平和本屬初志，此次受國會非常會議之付托，肩繼絕扶危之重任，所誓死以爭者僅此耳。諸公皆黃族俊良，**民國賢者，望以國本爲念；**速復平和，共圖建設，解時局之糾紛，救國家之淪胥，謹瀝肝膽，希賜明察。」（玖—三四四）

第二目　團結一致共濟艱危

廣州陳炯明叛變失敗，　國父由滬抵粵，復任大元帥。張敬輿嘗以和平統一來商，但未有誠意。故　國父謂吾人惟有自固本根，使其知所感悟，化暴戾爲善良。至外間謠諑，尤不可輕以聽信，致墮奸人詭計，惟有和衷共濟，彼此信賴，則事未有不成者。國父察人之明，勉人之篤，有如是也。民國十二年，國父復王永泉書，文曰：

「茲讀五日惠書，辱承推獎，愧負虛聲，當益自勉，以副期許。張敬輿嘗以和平統一事來商，文亦樂觀厥成，惟彼之基礎，全築於保洛軍閥之上，所標榜者全與文宥電相左，空言往返，誠意毫無。吾輩此時惟有自固本根，振導民意，以促彼自命北洋正統者之覺悟；否則彼等武力統一之迷夢未醒，以分贓謀苟合，適以長亂，非忠於謀國者所願與聞也。閩事務望采納文近日各電，與子超、魯貽和衷共濟。子超爲最忠於吾黨主義，力倡民治之一人，縱惑於閩人治閩之謬說，亦不至引謀危民國之洪憲遺孽如劉冠雄者以自殺。文可斷言擁劉之說，特擁薩者揑此以亂吾謀耳，萬勿過聽。文因粵中諸將領迭電敦促，定明日赴粵一行。」（玖—六一）

故在直奉戰爭以後，張作霖曾上書國父，洽商時局，國父復示吾輩應堅持定見，和衷共濟，以不變應萬變。民國十一年，國父復張作霖書，文曰：

「近日政海極波譎雲詭之觀，誠如大扎所言，吾輩處此，惟有堅持一定之宗旨，始終貫徹，以不變者待其變，庶其變乃有窮期也。香齋陳述尊旨，具聆種種。文前與公書，讓此後對於大局，無論爲和爲戰，皆彼此和衷，商榷一致行動，決不參差。迄今此意，秋毫無改。凡公所斡旋，文必不生異同，且當量力爲助。」（玖—五七三）

第三目 尊重公理消除仇視

國民之信賴吾黨，以黨綱合乎公理耳。 國父以公理爲人民之所共欲，故勉同志堅此信心，持以毅力，遵行公理而弗失。民國二年國父撰國民月刊出世辭，文曰：

「夫當專制時代，革命犧牲生命財產，以與專制之清廷政府抗，破壞之功，不久告竣。今吾人組織大政黨，以從事於建設事業，而國民亦贊成之。**國民之所以贊同者，信仰吾黨之人乎？非也，以吾黨所持的政綱，能合乎公理耳。**既然矣，則吾黨之士，宜堅其信心，持以毅力，以遵守此公理，且照此公理，勇猛精進以行之。政綱者，則吾黨所藉以爲公理之表現者也。行不違乎政綱，斯不悖乎公理，而後乃不負國民之同意，且不負先烈犧牲生命以創造中華民國之苦心也。今者國會將開，吾人所懷抱之政策，將以正式國會爲發表之機會。夫中華民國一切建設之大業，其根本問題，皆國會之職務，而國民黨在國會所負之責更大焉。以進步思想，樂觀精神，準公理，據政綱，以達鞏固中華民國圖謀民生幸福之目的，當然爲吾黨之責，願與吾黨人士共勉之。」（拾貳—一一）

尤望本黨同志，於此清廷覆滅，民國建立之際，所有以前仇視心理，應卽消逝，以示恢宏大度，乃猶有少數同志，以滿清時代人民之仇視，未能忘懷，因而施行報復。 國父力持不可，切期同志痛矯此弊，彼此信賴，以親愛易仇視，達成吾黨親親而仁民之美德也。民國元年在北京同盟會 國父有言：

「滿清時代同盟會，多爲人仇視，共和時代，無人仇視，而同盟會之少數人，尙以滿清時代爲人仇視之心理，對待今日會外諸同胞，故外間有今日之同盟會，如昔日貴冑之說。此種謠言，皆由同盟會少數人尙存昔日之心理，有以致之也。今日之政體旣變，同盟會諸君子昔日之心理，亦當隨之而變。蓋旣無仇視共和之人，同盟會對會外人，尤當極力聯絡，毋違背昔日推倒黑暗政體、一視同仁、互相親愛之宗旨，以鞏固中華民國。此我所希望於同志諸君子者也。」（捌—二三）

第二節　崇八德

第一目　八德之眞諦

國父繼承聖統，故對我國之固有道德，至爲崇視，舉其總綱，曰忠、曰孝，曰仁，曰愛，曰信，曰義，曰和，曰平，謂之八德。極言中國自古以來，大抵能守此八德，而非他國人所能及，惟自推翻滿清君主政體後，人民誤以爲忠字，僅對君主而言，今已共和，似不必再言盡忠。國父力矯其謬誤，暢言忠之意義甚廣，如忠於國家，忠於民族，忠於事業，皆吾人應盡之職責，何可以無君主而卽無忠之可盡。並言忠之極致，則可犧牲生命，古人謂殺身成仁，舍生取義，卽忠之極致之表現也。至講孝道，中國最爲完備，幾乎無所不包，無所不至。仁與愛相輔相成，因仁而生愛，因愛而生仁，孟子曰：「親親而仁民，仁民而愛物。」故仁者無不愛也。惟後世不能積極推動，遂認爲國人之行仁愛，不如外人，若能恢復我固有仁愛之美德，實行我固有仁愛之遺風，使之發揚光大，初何讓於外人焉。中國人最重信義，如言而有信，見義勇爲，其躬行實踐之事例，足爲世法者，不勝枚擧。而商業之重信用，尤爲特色，外人交贊譽之。至日本對英國講信用，對中國則不講信用，此乃畏英國之强，而欺中國之弱也。中國人天性和平，主張以德服人，不以力服人，卽愛和平之明證也。國父擧此八目，以示我國自昔卽有此可貴之道德，願國人再予身體力行，以提高我民族之地位。民國十三年，國父在民族主義第六講有言：

「講到中國固有的道德，中國人至今不能忘記的，首是忠孝，次是仁愛，其次是信義，其次是和平。這些舊道德，中國人至今還是常講的。但是現在受外來民族的壓迫，侵入了新文化，那些新文化的勢力，此刻橫行中國，一般醉心新文化的人，便排斥舊道德，以爲有了新文化，便可以不要舊道德。不知道我們固有的東西，如果是好的，當然是要保存，不好的才可以放棄。此刻中國正是新舊潮流相衝突的時候，一般國民都無所適從。前幾天我到鄉下進了一所祠堂，走到最後進的一間廳堂去休息，看見右邊有一個孝字，左邊一無所有，我想從前一定有個忠字。像這些景象，我看見了的不止一次，有許多祠堂或家廟，都是一樣的，不過我前幾天所看見的孝字，是特別的大，左邊所拆去的痕跡還是很新鮮。推究那個拆去的行爲，不知道是鄉下人自己做的，或者是我們所駐的兵士做的，但是我從前看到許多祠堂廟宇沒有駐過兵，都把忠字拆去了。由此便可見現在一般人民的思想以爲到了民國，便可以不講忠字。以爲從前講忠字，是對於君的，所謂忠君。現在民國沒有君主，忠字便可以不用，所以便把他拆去，這種理論，實在是誤解。因爲在國家之內，君主可以不要，忠字是不能不要的。如果說忠字可以不要，試問我們有沒有國呢？我們的忠字可不可以用之於國呢？我們到現在說忠於君，固然是不可以，說忠於民是可不可呢？忠於事又是可不可呢？我們做一件事，總要始終不渝，做到成功。如果做不成功，就是把性命去犧牲，亦所不惜，這便是忠。所以古人講忠字，推到極點便是一死。古時所講的忠，是忠於皇帝，現在沒有皇帝，便不講忠字，以爲甚麼事都可以做出來，那便是大錯。現在人人都說，到了民國，甚麼道德都破壞了，根本原因就是在此。我們在民國之內，照道理上說，還是要盡忠，不忠於君，要忠於國，要忠於民，要爲四萬萬人去効忠，爲四萬萬人効忠，比較爲一人効忠，自然是高尙得多，故忠字的好道德，還是要保存，講到孝字，我們中國尤爲特長，尤其比各國進步得多。孝經所講究的孝字，幾乎無所不包，無所不至。現在世界中最文明的國家，講到孝字，還沒有像中國講到這麼完全，所以孝字更是不能不要的。國民在民國之內，要能夠把忠孝二字講到極點，國家便自然可以强盛。」

「仁愛也是中國的好道德，古時最講愛字的莫過於墨子。墨子所講的兼愛，與耶穌所講的博愛是一樣的。古時在政治一方面所講愛的道德，有所謂愛民如子，有所謂仁民愛物，無論對於甚麼事，都是用愛字去包括，所以古人對於仁愛，究竟是怎麼樣實行，便可以知道。中外交通之後，一般人便以爲中國人所講的仁愛，不及外國人，因爲外國人在中國設立學校，開辦醫院，來教育中國人，救濟中國人，都是爲實行仁愛的。照這樣實行一方面講起來，仁愛的好道德，中國現在似乎遠不如外國，中國所以不如的原故，不過是中國人對於仁愛沒有外國人那樣實行，但是仁愛還是中國的舊道德。我們要學外國，只要學他們那樣實行，把仁愛恢復起來，再去發揚光大，便是中國固有的精神。

「講到信義，中國古時對於鄰國和對於朋友，都是講信的。依我看來，就信字一方面的道德，中國人實在比外國人好得多，在甚麼地方可以看得出來呢？在商業的交易上，便可以看得出，中國人交易，沒有甚麼契約，只要彼此口頭說一句話，便有很大的信用。比方外國人和中國人訂一批貨，彼此不必立合同，只要記入賬簿，便算了事。但是中國人和外國人訂一批貨，彼此便要立很詳細的合同。如果在沒有律師和沒有外交官的地方，外國人也有學中國人一樣，只記入賬簿便算了事的，不過這種例子很少，普通都是要立合同。逢着沒有立合同的時候，彼此定了貨到交貨的時候，如果貨物的價格大賤，還要去買那一批貨，自然要虧本。譬如定貨的時候，那批貨價訂明是一萬元，在交貨的時候，只值五千元，若是收受那批貨，便要損失五千元，推到當初訂貨的時候，沒有合同，中國人本來把所定的貨，可以辭却不要，但是中國人爲履行信用起見，寧可自己損失五千元，不情願辭去那批貨。所以外國在中國內地做生意很久的人，常常贊美中國人，說中國講一句話比外國人立了合同的，還要守信用得多。但是外國人在日本做生意的，和日本人訂貨，縱然立了合同，日本人也常不履行。譬如定貨的時候，那批貨訂明一萬元，在交貨的時候，價格跌到五千元，就是原來有合同，日本人也不要那批貨，去履行合同，所以外國人常常和日本人打官司。在東亞住過很久的外國人，和中國人與日本人都做過了生意的，都讚美中國人，不讚美日本人。至於講到義字，中國人在很强盛的時代也沒有完全去滅人國家。比方從前的高麗，名義上是中國的藩屬，實在是一個獨立國家，就是在二十年以前，高麗還是獨立。到了近來一二十年，高麗才失去自由。從前有一天我和一位日本朋友談論世界問題，當時適歐戰正劇，日本方參加協商國去打德國，那位日本朋友說，他本不贊成日本去打德國，主張日本要守中立，或者參加德國來打協商國。但是因爲日本和英國是同盟的，訂過了國際條約的，日本因爲要講信義，履行國際條約，故不得不犧牲國家的權利，去參加協商國，和英國共同去打德國。我就問那位日本人說：『日本和中國不是立過了馬關條約嗎？該條約中最要之條件不是要求高麗獨立嗎？爲甚麼日本對於英國能夠犧牲國家權利去履行條約，對於中國就不講信義，不履行馬關條約呢？對於高麗獨立是日本所發起所要求，且以兵力脅迫而成的，今竟食言而肥，何信義之有呢？』簡直的說，日本對於英國，主張履行條約，對於中國，便不主張履行條約，因爲英國是很强的，中國是很弱的。日本加入歐戰，是怕强權，不是講信義罷。中國强了幾千年而高麗猶在，日本强了不過二十年，便把高麗滅了，由此便可見日本的信義不如中國，中國所講的信義，比外國要進步得多。」

「中國更有一種極好的道德，是愛和平。現在世界上的國家民族，只有中國是講和平，外國都是講戰爭，主張帝國主義去滅人的國家。近來因爲經過許多大戰，殘殺太大，才主張免去戰爭，開了好幾次和平會議。像從前的海牙會議，歐戰之後的華賽爾會議、金那瓦會議、華盛頓會議，最近的洛桑會議。但是這些會議，各國人共同去講和平，是因爲怕戰爭，出於勉强而然的，不是出於一般國民的天性。中國人幾千年酷愛和平都是出於天性，論到個人，便重謙讓；論到政治，便說不嗜殺人者能一之，和外國人便有大大的不同。所以中國從前的忠孝仁愛信義種種的舊道德，固然是駕乎外國人，說到和平的道德，更是駕乎外國人。這種特別的好道德，便是我們民族的精神，不但是要保存，並且要發揚光大，然後我們民族的地位才可以恢復。」（壹—四三）

國父對於仁愛之精義，復詳明闡釋如下：先言仁與智之不同，智惟明利害而已。仁則不問利害，祇知求仁得仁，故韓昌黎所謂：「博愛之謂仁。」實爲仁之定義。而宗教家與慈善家之仁愛，僅於濟世勸人，不若志士之以救國爲急者。故志士能無求生以害仁，有殺身以成仁，其表現仁愛，愛國之仁也。與宗教家慈善家之仁愛目的不同。特舉而出之，以明志士之仁愛精神，如此其偉大也。民國十年在桂林　國父對滇贛粵軍訓話有言：

「仁與智不同，於何見之？所貴乎智者，在能明利害，故明哲保身，謂之智。仁則不問利害如何，『有殺身以成仁，無求生以害仁』。求仁得仁，斯無怨矣。仁與智之差別若此，定義卽由之而生。中國古來學者，言仁者不一而足。據余所見，仁之定義，誠如唐韓愈所云：『博愛之謂仁』。敢云適當。博愛云者，爲公愛而非私愛，卽如『天下有饑者，由己饑之；天下有溺者，由己溺之』之意，與夫愛父母妻子者有別。以其所愛者大，非婦人之仁可比，故謂之博愛。能博愛。卽可謂之仁。

「仁之種類：㈠救世之仁；㈡救人之仁；㈢救國之仁。仁之種類，有救世、救人、救國三者，其性質則皆爲博愛。何謂救世，卽宗教家之仁，如佛教、如耶穌教，皆以犧牲爲主義，救濟衆生。當佛教初來中國時，闢佛教者頗多，而佛教教徒，乃能始終堅持，以宣傳其主義，占有强大勢力。耶教亦然，不獨前在中國傳教者，教堂被毁，教士被害，時有所聞；卽在外國，新教亦迭遭反對。然其信徒，則皆置而不顧，仍復毅然爲之，到處宣傳，不稍退縮。蓋其心以爲感化衆人，乃其本職，因此而死，乃至光榮。此所謂捨身以救世，宗教家之仁也。

何謂救人？卽慈善家之仁。此乃以樂善好施爲事，如寒者解衣衣之，饑者推食食之，抱定濟衆宗旨，無所吝惜。居於鄉，而鄉稱仁；居於邑，而邑稱仁。此所謂捨財以救人，慈善家之仁也。何謂救國？卽志士愛國之仁，與宗教家、慈善家同其心術，而異其目的；專爲國家出死力，犧牲生命，在所不計。故（編者按疑落「國民」二字）愛國心重者，其國必强，反是則弱。試以日本爲例，初本弱小，自戰勝俄後，乃一躍而與列强並峙，其故安在？卽在於日本人之愛國心。愛國心於何見之？當旅順之役，日本欲封鎖海口，阻遏俄兵出路，須炸沉多少船艫，然此爲九死一生之事，故日本之司令官，不欲以命令行之，而欲徵求諸將士之志願，有敢死之士數百人卽可。而其結果報名者，竟達數千，乃用拈籌之法，以定取捨。傳聞當時有籌數雷同之甲乙二人，互爭前往，其不得往者，竟至蹈海而死，以表決心，由是軍心大爲感動，日終勝俄。此所謂捨生以救國，志士之仁也。」（捌—一三七）

國父復於中國人之愛和平，加以說明，革命本爲流血之事，如周武順天應人之革命，而武成篇猶有血流漂杵之記載。但本黨辛亥革命，推翻滿清，未嘗流多少血，而大功告成，此可知國人之酷愛和平也。民國十三年　國父講民族主義第四講有言：

「諸君知道革命本是流血的事，像湯武革命，人人都說他們是順乎天應乎人，但是講到當時用兵的情況，還有人說他們曾經過了血流漂杵。我們辛亥革命推翻滿洲，流過了多少血呢？所以流血不多的原因，就是因爲中國人愛和平。愛和平就是中國人的一個大道德。中國人才是世界中最愛和平的人。我從前總勸世界人要跟上我們中國人。」（壹—三三）

中國人既愛和平，尤宜盡其天職，以促進世界之和平。時列强以武力併吞弱小國家，或爲其殖民地。故　國父喚醒國民，向此方向邁進也。民國元年在南京參議院，　國父有言：

「中華民國成立之後，凡中華民國國民，均有國民之天職。何謂天職？卽是促進世界的和平。此促進世界的和平，卽是中華民國前途之目的。依此種目的而進行，卽是鞏固中華民國之基礎。又凡政治、法律、風俗、民智、種種事業，均須改良進步，始能與世界各國競爭。凡此種種之改良進步，均是中華民國國民之責任。人人能盡責任，人人能盡義務，四萬萬人皆能如此，則中華民國之進步必速。中國人口佔地球四分之一，則凡有四人之地，卽有一中國人民。況交通既便，世界大同，已有中外一家之勢。中華民國國民均須知現今世界之文明程度。當民國初立時，人民頗有不知民國爲何義，及文明進步爲何義者，則吾輩先知先覺之人，卽須用從前革命時代之眞摯心，努力啓廸，努力進行，而後中華民國之基礎始固，世界之文明始有進步，況中國人民本甚和平。現在世界上立國百有數十，雄强相處，難保不有戰爭發現。惟中國數千年來，卽知和平爲世界之眞理。人人均抱有此種思想，故數千年來之中國，純向和平以進行。中華民國有此民數，有此民習，何難登世界舞臺之上與各國交際，共謀世界之和平。此種和平運動，卽是中華民國國民之天賦。本總統與全國國民同此心理，用心研究，將人民之智識習俗，以及一切事業，切實進行，力謀善果，卽爲中華民國國民之本份。」（捌—九）

第二目　不仁不信者之可鄙

志士仁人，能舍生殺身以救國。而不仁之甚者，則憑藉其威武，施展其詐欺，以戕賊志士仁人。然此僅逞一時之快，不足以持久也。故孟子曰：「天子不仁，不保四海，諸侯不仁，不保社稷，卿大夫不仁，不保宗廟，士庶人不仁，不保四體。」不仁之結果如是。民國十一年， 國父復蕭翼鯤、楊道馨等書略曰：

「諸同志於暴力刧持之下，爲黨努力，慘淡經營，竟能籌備就緒，曷勝佩慰。繼此尤望益加奮鬪，實現吾黨主義。側聞湘省雖稱自治，非法殺人之惡耗，時有所聞，同志無辜被戮者，不知凡幾，是湘省雖人人願附於民黨，獨不悟殺民黨者之不可依恃，殊憾事也。彼軍閥惟知以武力據地盤，以欺詐保權利，多數人求自治，彼則附和自治，多數人嚮民黨，彼則敷衍民黨；其實彼乃無一時一事不與民黨爲仇，不與自治爲敵，民黨欲於其下討生活，洵亦難乎其難。惟事在人爲，諸同志皆爲革命舊份子，智勇兼備，甚望於此等處多留意也。」（玖—五五一）

我國人之重信義，有如前述。乃袁世凱身爲國家元首，竟陰謀詭計，不守信誓，致貽國人以汚點。當清帝宣布退位時，袁曾遵照 國父所提協議五條之第二條，宣示政見，絕對贊同共和主義。並電傳誓詞，其中有曰：「……世凱深願竭其能力，發揚共和之精神，滌除專制之瑕穢，謹守憲法，依國民之願望，蘄達國家於安全强固之域，俾五大民族同臻樂利，凡玆志願率履勿踰。俟召集國會，選定第一期大總統，卽行解職。謹掬誠悃，誓告同胞。」云云。豈知言不由衷，曾幾何時，遂背棄誓詞，而帝制自爲，其不守信義如此，誠爲吾中華民族之羞。民國元年三月，國父通電文曰：

「武昌黎副總統、各省都督、督撫、各司令官、全國各界團體公鑒：初六已將參議院決定統一政府組織辦法六條通告各省。頃得參議院咨稱：「本日接到袁世凱君電傳誓詞。其文曰：『民國建設造端，百凡待治，世凱深願竭其能力，發揚共和之精神，滌除專制之瑕穢，謹守憲法，依國民之願望，蘄達國家於安全强固之城，俾五大民族同臻樂利，凡玆志願，率履勿踰。俟召集國會，選定第一期大總統，世凱卽行解職。謹掬誠悃，誓告同胞。大中華民國元年三月初八日、袁世凱。』云云。謹此奉聞，並乞卽行通電全國爲盼」等因。爲此通電佈告全國，臨時大總統孫文、佳。」（玖—一五五）

第三節　張四維

第一目　伸張正義

禮義廉恥，國之四維，亦爲我中華之傳統文化。故犯上作亂如陳炯明者，其倒行逆施，雖自以爲得計。然是非順逆，人心自明，是以羣起聲討，卒致覆亡，此正義之終勝邪惡也。民國十一年，國父復楊希閔書，文曰：

「兄與同袍轉戰數千里，備嘗艱險，而所志不渝，尤可念也。自粵東逆軍作亂，政紀蕩然，所幸是非順逆之在人心者益明，即北方武人亦羞與叛徒爲伍。吾人正義之勝利，轉以自信。」（玖—五六四）

人心陷溺，正氣銷沉，爲國家社會最可痛心之事。故應由輿論界振其筆誅，伸張正義，以挽救陷溺之人心。民國十一年　國父復景梅九函有言：

「年來人心陷溺，正氣消沉，北京狐鼠所憑，尤屬暗無天日，誠賴有正大光明之言論機關，爲之摧廓；惜吾黨以時勢關係，常置重軍政方面，於宣傳事業遂少注意，殊多憾焉。」（玖—五五三）

人若陷溺於自私之心，則必不顧廉恥。如陳炯明追隨　國父二十餘年，患難與共，肝膽相照，乃竟爲一己割據之私，而稱兵叛變，其忘恩負義，寡廉鮮恥，至於此極，實不容有絲毫可以寬恕也。蓋紀綱爲立國之本，紀綱蕩盡，則上無道揆，下無法守，尙何國之可言。民國十一年，國父復徐紹楨函，文曰：

「二十七日手書及抄電兩紙，均奉悉，兄以高年奔走於朔風冰雪中，爲國賢勞，至爲感念。敬輿兄調停苦衷，文所深喻，惟競存奸僞，尙須審愼。夫以二十餘年同黨共患難之同志，一拂其割據之私，遂不惜反戈相向，置且且信誓於不顧，而謂其統一後願將所部軍隊還諸中央，此何可信？敬輿長者，文甚不願其爲反側份子所賣弄，以自誤誤國也。昔漢高斬丁公，後世莫不贊其遠識。今敬輿一秉政，便欲優容一毀信棄義、紊亂天常，任何時代所決不可容之蟊賊，文誠不知競存與敬輿關繫何如？敬輿視文以視劉之視項又奚若？吾想人類之綱維從此絕，亂將無已時，以此謀統一，去統一之眞意愈遠，想敬輿爲盡忠民國最力之一人，亦必深慮及之矣。文一身利害不足計，惟陳賊在所必討。苟於正義無傷，而有可促進國家之統一者，無不樂從。晤敬輿時，幸爲懇切致意，北地多寒，諸維珍重。」（玖—五八二）

第二目　重視禮治

國父在其序周束白所輯全國律師民刑新訴狀滙覽一書中有曰：「以禮治國，則國必昌，以法治國，則國必危。」此即孔子所謂：「道之以政，齊之以刑，民免而無恥，道之以德，齊之以禮，有恥且格。」也。但立國於當今之世，不可無法，以補救禮治之不足。此 國父所以嘉周君之編是書也。民國十二年， 國父爲周束白所輯書之原序曰：

以禮治國，則國必昌：以法治國，則國必危。徵之往古，衞鞅治秦，張湯治漢，莫不以尚法而致弱國敗身。然則苛法之流毒甚矣哉！雖然，立國於大地，不可無法也，立國於二十世紀文明競進之秋，尤不可以無法。所以障人權，亦所以遏邪辟。法治國之善者，可以絕盜賊，息訟爭。西洋史載，斑斑可考。無他，人民知法之尊嚴莊重，而能終身以之耳。我國人民號稱四百兆，問有知法者乎？恐百不得一也。不知法而責之以守法，是猶强盲人以辨歧路，責童騃以守禮儀，可乎哉？比接海上周子束白書，謂將羅集全國律師民刑訴狀彙刊成帙，公諸羣衆，丐余弁一言於卷首。周子英年積學，治律甚精，是書爲其所手輯，諒必有可觀者；行見法庭無失平之譏，國內無越軌之民，胥民蒙周子之賜也。是爲序。（拾貳—一一七）

第四節 重法紀（附獎懲）

第一目 恪守黨綱注重黨德

國以民爲本，而民之憑藉則在於政黨，故政黨之可貴，在於恪遵黨綱與重視黨德，然後可與他黨爭勝，奠國基於磐石之固，安民生於福利之樂，所以黨與黨爭，爲公而爭則可，爲私而爭則不可，此爲黨員者不可不知也。民國二年　國父在上海國民黨茶話會有言：「**中華民國以人民爲本位，而人民之憑藉，則在政黨。國家必有政黨，一切政治始能發達。政黨之性質，非常高尙，宜重黨綱，宜重黨德，**吾人宜注意此點，以與他黨爭勝。吾國政黨，今始發生，一般人聞黨爭之說，非常畏懼，是不知黨爭之眞相者也。黨爭必有正當之方，尤必具有高尙之理由，而後始得謂之黨爭。一般人以黨爭爲非，實誤以私爭爲黨爭也。一國之政治，必賴有黨爭，始有進步。無論世界之民主立憲國，君主立憲國，固無不賴政黨以成立者。」（捌—六二）

故　國父盼本黨黨員與共和黨黨員之在日本東京者，應利用居處密邇，時相往還，講求政黨應有之道德，研究政黨應用之方針，爲內地政黨之模範，民國二年在東京　國父有言：「今國民黨、共和黨兩黨諸君同在東京，有同居一旅舍者，有同在一學校者，互相請益互相往來之時甚多，比內地各黨員聯絡，適爲最好之機會。可以和衷商榷，**講求政黨應有之道德，研究政黨應用之方針**。以爲內地政黨之模範。令全國人民人人具有此種道德，具有此種思想，則中華民國之政治可以立見發達，中華民國之基礎可以日益鞏固，中華民國之國勢亦可以蒸蒸日上，凌駕歐美而上之。此卽諸君異日在民國之勛勞，亦今日兩黨諸君應盡之責任

也。願與諸君共勉之！」（捌—七一）

第二目　翦除元兇以維綱紀

第一次世界大戰（卽歐戰）時，國務總理段祺瑞，竟爲私圖，而脅迫國會議員贊同參加協約國，對德宣戰。國父覩此現象，深慨國法何在，迭電黎元洪總統，促其嚴懲首惡，尊重法紀。文曰：

「宣戰之議，元首不敢專斷，而徵意於國會；乃京師不逞之徒，自稱請願公民，毆傷議員，欲行迫脅，使國會不得自由表決。法治之下，而有此象，我公不嚴加懲辦，是推危難於議員，而付國論於羣小，何以對全國人民？應請速發嚴令，將僞公民犯法亂紀之人，捕獲鋤治，應保國會尊嚴，而杜宵人之指嗾，國民幸甚。」（案本電係與岑春煊等聯名發於民國六年五月・玖—二九二）

「亂黨獨立，要求元首退位，國會解散，此種威嚇行爲，斷不可長其驕氣。中國素習，首重名器，若褫其官位，彼自無所藉乎。部曲離散，焉能久長？願大總統秉至公以待有功，嚴誅讙以懲有罪；信賞必罰，勿事調停，人心助順，自無不克。兩院諸公宜與憲法共生死，勿惶遽奔散，稍存讓步，以保民國代表之尊嚴。若方針不定，進退失據，則賊燄愈張，而正人喪氣矣，危疑之間，亟待決斷。」（案本電係與章炳麟聯名發於民國六年五月・玖—二九四）

黎總統乃僅懲受嗾使之暴民，而於主使者則反任其逍遙法外。故國父再電請剷除元惡，以爲創謀亂法者戒。文曰：

「接誦文電，知滋事之徒已付懲辦。惟念蚩蚩暴民，受人指嗾，無足指敎，張堯卿等六人係陸軍部諮議，差遣人員陳紹唐亦充國務院參議，聯民擾亂，誰實尸之，但問現行犯事之凶徒，而爲首造意者得以逍遙事外，將來奸宄縱惡，伊於胡底？應請我公奮斷，勿令勢要從旁掣肘，以爲創謀亂法者戒，大局幸甚。」（案本電係與岑春煊等聯名發於民國六年五月・玖—二九二）

民國六年七月，段祺瑞平復辟之亂，復爲國務總理。國父曾電勉其維護約法。段不理。且有另組新國會，重開參議院之令，恃其暴力，違背約法。國父乃通電斥責之，呼籲各省起而反對，以伸正義。並先於七月四日電兩院議員，盼毅然南下護法，除暴力，存正氣，振國紀。文曰：

「艱苦備嘗，始終不渝，民黨精神，惟寄國會。此次時局陡變，暴力之下，已無國會行使職權之餘地，亟應全體南下，自由集會，以存正氣，以振國紀。」（案本電發於民國六年七月・玖—三〇一）

「民國存亡，繫於約法，約法無效，民國卽亡。查約法，政府旣無解散國會之權，更無國會成立後再發生參議院之理。乃北京政府於九月廿九日忽有另組新國會，重開參議院之令，背叛約法，退化却步，爲天下笑。前者叛軍迫散國會，係以暴力摧殘；及暴力旣消，約法猶在，國會當然恢復。北京政府果有尊重約法，擁護共和之誠意，自應以恢復中斷之國會爲先務。其功罪若何，尚可待之國民公決，今竟繼續叛軍之暴力，遏抑國會之再開，儼然以一已之大權，自造立法機關，修改國會組織法及兩院議員選舉法，與袁世凱之以召國會，欺矇全國，而自造袁氏之參議院，修改約法，如出一轍。試問孰授之權？而敢於恣睢妄行如此？約法之根本已遭破壞無餘，而猶復曰依約法某條，其將誰欺。國會本尚存在，何事另行召集，參議院已經消滅，何得重行發生，此等行爲，諒爲有目所共見。本軍政府以恢復約法，國會爲職志，除已以通令明正厥罪外，惟恐莠言亂政，淆惑聽聞，尚希諸公一致通電反對，伸正義而詘邪說，民國前途，庶幾有豸。」（案本通電發於民國六年十月・玖—三二〇）

民主政治之賴以維繫者，其根本在於法紀，而法紀之樞機，則在於國會。故當民國七年四月下旬，軍政府改組之說，漸臻成熟，其內幕實欲排除　國父，爲非法之行動。　國父知其陰謀，遂於五月四日發出辭大元帥之通電，旋卽離粵赴滬，臨行猶諄諄以維護約法相期勉，且告以武力之不能恃久，民意之難以遽違，其重視法紀也如是。　國父辭大元帥職通電，文曰：

「文前以國會正式開會有期，各省亦先後表示援助，護法大責，負荷有人，文亦得以卸去微責。故於五月四日，向非常會議辭去大元帥職，並於同日通電，略罄鄙意。玆於臨別之際，惓惓之懷，猶難自已，謹再盡忠告於邦人君子之前，幸垂察焉。國於天地，必有與立，民主政治賴以維系不敝者，其根本存於法律，而機樞在於國會。必全國有共同遵守之大法，斯政治之舉措有常軌；必國會能自由行使其職權，斯法律之效力永固。所謂民治，所謂法治，其大本要皆在此。自民國成立以來，國會兩遭非法解散，以致大法陵夷，邦基阽隉，此則秉政者徒知以武力相雄長，蔑法律爲束縛之具，國人又懾於强力，不自盡其護法之責也。然武力角逐，勢難持久，競權力於始，逞意氣於後，其極非至犧牲國家同歸於盡不止。即有大力者起，强能併弱，衆能暴寡，悉除異己，然恃其暴力欲以恣睢爲政治，以刀鋸爲法律，其極也必至民生嗷嗷，不可終日。亦必爲國民所共棄而一蹶不振，陷於勢窮力絀之境，徵之袁氏，前鑑匪遙。今茲之役，國人既知護法爲急務，則務以貫徹終始，使舊國會能回復其效力。其向不滿於舊國會者，亦宜摒其固我之見，曉然以舍恢復舊國會以外，更無可以解決國是之方，亟圖補過，又豈云晚。倘雙方能凜國事之危迫，知民意之難違，各蠲其權利之爭，忿嚏之見，咸自納於法律軌轍之中，則何莫非護法元勛，又誰得而非之也。國會諸君負代表民意之責，際危急存亡之秋，民國一線之命脈，實賴諸君維繫而護持之；尤冀排除障礙，力膺艱鉅，使正式國會依期開會，以慰國人喁喁之望，則共和前途，實式賴之。時變亟矣，長此相持，國將不國。心所謂危，不敢不告。臨行惓惓，謹布悃忱，維諸君子實圖利之。」（案本通電發於民國七年五月・玖—三七六）

民國十二年六月，直系軍閥曹錕，以武力驅逐黎元洪總統，賄買國會議員，選己爲總統。國父以其賄選竊位，幾舉中華民國之紀綱道義，掃蕩無遺。乃以本黨名義發表鄭重宣言，誓奮一貫之精神，伸大義於天下。並電外交團，請各國否認曹錕爲總統。一面又令護法各省區長官，通緝賄選議員，嚴加懲辦，以彰法紀。蓋賄選乃文明國家之奇恥大辱也。　國父宣言文曰：

「關於北京最近舉行之所謂總統選舉，余不能不特別請各友邦注意於中國全國人民一致反對曹錕爲中華民國總統是也。曹錕未受教育，目不識丁，彼之被反對及否認，不但因一九一二年二月間之北京兵變，係彼之所爲，即最近臨城刼車案，彼爲山東等省最高軍事長官，亦負主要責任。但最大原因，則爲彼之被選，係以違法及賄賂之情形致成之。此等情形，乃凡屬思想舉動文明之國家，所認爲奇恥大辱者也。夫歷史上未嘗無卑汙授受之事，但賄賂公行，強攫政權，恬不知恥，未有如此次曹錕被選之甚者。如人民對於此種行爲，尚帖然默認而不反對，則實無權再事生活，而爲一自尊之國家。是故中國人民認曹錕之當選爲總統，爲一種篡竊叛逆之行爲，在理在勢，皆須反對而討伐之。吾國人民此項決心，將立見一具體之表現，此具體表現維何，即全國代表人民之諸領袖，正在組織一國民的政府是也。余今請各友邦及彼等駐北京之代表，勿爲任何舉動，即能使北京新篡竊者，認爲國際承認及贊助之表示者。列強如承認曹錕，將促進中國之內爭及擾亂，中國人民將認列強爲反對中國人民，有意破壞彼等反抗一種汙辱國民人格之舉動之明顯意志。孫逸仙。十月十日。」（案本宣言係致外交團者發於民國十二年十月十日・玖—六三〇）

國父令緝賄選議員文曰：

「此次國賊曹錕賄買國會議員，以當重選，妄干大位，業經宣布罪狀，申命討伐。而所謂國會議員，以非法份子濫行列席，穢德腥聞，彰播遠近。議員職責在代表人民督責政府，今貪賄受賂、危害國家、法律、紀綱，斬焉俱盡，不有嚴懲重罰，無以禁貪邪而儆淫頑，着護法各省區長官將此次附賊國會議員一律查明通緝懲辦，以昭炯戒，而立國紀。此令。」（案本令係電示：護法各省區長官者發於民國十二年十月九日・拾—七九）

民國十三年徐謙猶欲以委員制解決中國之時局。國父以曹、吳時已進犯川、粵，違法蕩紀，非實行革命不可。所謂「治亂國，用重典」是也。曾函徐氏反對其主張，文曰：

「季龍兄鑒：兄以俄國以委員制而興，瑞士以委員制而治，爲今日中國必當行委員制之左證，是猶近人所謂聞筍可食，歸而煮其簀也。不知俄之委員，純然革命黨之委員，決不容有他黨分子之混跡其中。瑞士之委員，純然民治之委員，決不容有帝制軍閥之列席其內。較之兄今所主張之委員制則如何？時至今日，尙欲以委員制而解決中國之時局，是益其糾紛而已，文前之不兄之提議者，是猶有和平統一之希望；倘能達其希望，何所不可。曹吳未侵川粵之前，文曾許不反對其爲總統，亦猶是希望也，今則已矣。語云：「治亂國，用重典。」今欲解決中國之糾紛，非革命不可。從此吾行吾素，不問其他。孫文。」（案本函係致徐謙告以反對委員制者發於民國十三年・玖—六六〇）

第三目　懲治不法以蘇民困

鼎革初成，文武官吏之不法者，往往私欲橫溢，藉勢凌人。殊不知革命原為救民疾苦，今竟反其道而行，非　國父始料所及，故令各省都督，明察嚴懲，以蘇民困。令曰：

「各省都督鑒：臨時大總統孫令。此次改革，原為救民水火，乃自各省光復以來，各地方行政長官及帶兵將領良莠不齊，每每憑藉權勢，凌虐鄉里；有非依法律輒入人民住宅，搜索銀錢衣物書籍，據為己有者；有托名籌餉，強迫捐輸，甚且虜人勒贖者；有因挾微嫌而擅行逮捕人民，甚或鎗斃籍沒，以快己意者，排擠傾陷，私欲橫溢，官吏放肆，民人無依，若不從嚴締治，將怨讟之極，挺而走險，恐非地方之福。現在地方官制尚未頒行，各省都督具有治兵察吏之權，務須轉飭所屬，勿許越法肆行。一面出示曉諭人民，有前項疾苦者，許其按照臨時約法，來中央平政院陳訴；或就近向都督府控告，一經調查確實，立予盡法懲治，並將罪狀宣示，以昭警戒。本總統雖辭職在即，然念及民衆塗炭，國本所關，不敢自暇，願我各都督百僚有司共勉之。此令。」（案本令發於民國元年三月廿八日・拾—五八）

司法獨立，亦為　國父所重視。故軍人如有干預司法者，立命軍事長官，轉飭所屬嚴禁，以重法權。令曰：

「……查軍人干預司法迭經令禁，據呈前情，不獨妨礙法權，抑且有干軍紀。合亟嚴令禁止，通飭遵照。嗣後各軍對於法庭處理訴訟事件，毋得干涉，以維司法而肅軍紀。」（案本令發於民國十三年二月十三日・拾—九二）

他如軍人勾串奸商，擅徵各種雜捐，紊亂綱紀尤為民主政體所不許。國父嚴令治罪，以儆貪頑，而肅法紀。令曰：

「軍興以來，需餉浩繁，政府為討除國賊計，不得不借資民力，端賴稽覈有方，庶免誅求無藝。刻正力謀財政統一，以後各軍長官，不得擅行徵收各種雜捐，紊亂綱紀。自此次通令之後，有敢犯者，軍官免職治罪，奸商承辦者，除沒收產業外，應一體嚴行治罪，以儆貪頑，而肅法紀。言出法隨，決不姑貸。此令。」（案本令發於民國十三年三月・拾—九六）

且有軍事人員，於陸路擅征捐稅外，復在河面設立機關，征收往來船隻各種捐費。國父以其藉端苛索，困商病民，莫此為甚，迭令限期撤銷各機關，如違則以軍法從事。令曰：

「為令飭事：近聞各軍人員有假託長官命令在河西到處設立機關，徵收往來船隻各種捐費，巧立名目，藉端苛索，非法擾民，莫此為甚。着各軍總司令暨各統兵官長嚴行禁止，並著公安局長飭水上警察嚴密查辦，自接到命令三日後，所有省河及各屬河面，除船民自治督辦所屬機關外，一律勒令取銷。如敢違犯，軍法從事。仰該省長、總司令、司令、軍長、部長、局長迅飭所屬一體遵照，仍將辦理情形呈復查考。並由省長署錄令出示曉諭，俾衆週知。其餘省城內外各獨立軍隊，由軍政部通行遵照。此令。」（案本令發於民國十三年三月・拾—九七）

『查軍隊沿河設卡，藉名護商，勒收費用，迭經嚴令禁止，北江商運局亦經明令裁撤；乃據稱小北江一帶自連縣以達連江口，此種苛斂機關猶有十餘處之多，困商病民，孰甚於此。仰候抄單令行廣東省長迅卽調查明確，何處機關，係何項軍隊所設，傳諭各該軍官遵照迭次命令，卽日一律裁撤，如敢違抗，卽商該管上級官或呈由本大元帥派隊前往勒令撤銷，並將違令之軍官嚴行拿辦，以肅軍紀而恤商艱。其各埠勒收更錢係出何人所爲，並候飭由省長查明禁止可也，單存，此令。」（案本令係飭廣東省長楊庶堪發於民國十三年四月・拾—一〇八）

「各江匪風不靖，軍隊沿途苛徵，直接爲害商旅，間接妨礙稅收，自非嚴行剿辦申禁，不能使交通恢復，商貨流通。」（案本令係飭南番順剿匪司令協同江海防各艦清剿各江股匪規復段艦並飭各軍事長官尅日實行撤銷所部濫設之護商機關發於民國十三年十一月・拾—一四六）

時政府爲討伐曹、吳，需餉浩繁，不得不借貸民財，以資挹注。乃軍隊之不守法紀者，竟乘機苛擾。 國父愛民如子，屢接陳訴，心痛如焚，故有上述數則之嚴令禁絕也。至軍隊之擄掠婦女，尤爲不法之甚。 國父深惡痛絕，決以軍法懲治之，以全軍譽而重人道。

「青雲旅長鑒：刻此間人民報告，貴部拉有婦女十餘人，禁於船上。此種行爲，大犯人民之忌；倘此等消息流傳於外，人民必與貴軍生極大之惡感，而貴軍名譽，亦必受極大影響，於貴軍實有極大之不利。仰卽設法補救，將各人趕快放去；不然，則大本營在此，不能不執行軍法，則兩有不便也，幸爲留意。」（案本函係十三年九月飭陳青雲將所部强拉婦女迅速放還函・玖—六四六）

法律之前，人人平等。故執法者苟徇私情，判斷偏庇，爲公理羣情所不許。國父亦願爲其後盾也。民國十一年十二月爲援助湯節之案復廣肇公所等各團體函云：

「奉到公函一件，知湯節之君案，法官枉法判決事，誠如來示所云，殊堪歎惋。法律者天下之平，全國人民賴以保障，不能對於任何方面有所袒庇及蹂躪者。至云舍證據而任情感，尤非法庭所宜出。執事等大聲疾呼，起而奮鬪，『具審公義俠情，迥異舊時自了之風。此案關繫，誠非僅及湯君箇人人權之爭，固凡爲市民者所有事也。執事等旣據公理法律，從事援護，文亦當視鄙力所及，隱爲後盾。其進行步驟，尙冀詳爲籌酌，終不令彼執法者剝奪人權以自恣，則厚幸也。十一年十二月廿九日」（玖—五七九）

第四目　崇德報功

革命事業，非一蹴可成，故武昌起義以前，死義者如陸皓東、朱貴全、邱四、程曜臣、程奎光、鄭弼臣、楊衢雲、史堅如以及日本義士山田良政諸烈士，國父以其功不可沒，於全國慶祝革命成功之日，特囑開殉國烈士追悼會，並捐款撫卹其遺族，以示崇德報功之意。民國元年十月，電胡漢民等囑開殉國烈士追悼會追捐款撫邺遺族文曰：

「廣州胡都督並轉各界公鑒：九月初九爲乙未歲第一次倡共和革命失事之辰，烈士陸皓東殉焉，附同赴義者，有臨時招募之朱貴全、邱四二人，並波累程曜臣、程奎光獄死，故當日有朱、邱、陸、程之稱。此役之日，陸君主動，同謀者除生存人外，則有鄭弼臣、楊衢雲二人。第二次惠州起義，鄭君身臨前敵轉戰，積勞而歿。楊君在港運籌，被刺而死。又有烈士史堅如殉義於羊城，日本義士山田良政陣亡於惠州。今逢武昌起義之辰，全國慶祝，以賀成功，追思木本水源，皆胚胎於乙未、庚子二役，而上所述之人皆已亡歿。自民國成立以來，曾未一爲之表彰，文實悼之。敢請我粵同胞於九月九日大開追悼會，以表彰幽烈，並捐款分別追恤各烈士之後人。文先捐千元，請都督墊支，續當璧寄。孫文叩。」（玖—一七三）

山田良政爲日本之弘前人，激於義憤，贊助我國革命。雖後因日政府改組，變易其助我初衷。而山田良政仍冒險至惠州，告知鄭士良同志以實情，歸途失路，爲清兵捕而遇害。夫以外國人而能爲我挺身赴義實屬難能可貴。故 國父爲題墓碑文與紀念辭，誌其烈義可風，以垂不朽。文曰：

「山田良政先生，弘前人也。庚子又八月，革命軍起惠州，先生挺身赴義，遂戰死。嗚呼！其人道之犧牲，興亞之先覺也，身雖殞滅，其志不朽矣。民國二年二月二十七日，孫文敬書。」（拾貳—一三）

民國七年 國父撰山田良政建碑紀念辭文曰：

「君兄弟俱嘗致力於中國革命事業，而君以庚子惠州之役死；後十年而滿洲政府覆。初余以乙未圖粵不成，走海外，既休養數歲，黨力復振，余乃使鄭士良率衆先入惠州。余偕日本軍官多人，擬由香港潛往內地，君實隨行。已而奸人告密，不得登陸，乃復往日本，轉渡臺灣。時臺灣總督兒玉氏，以義和團亂作，中國北方陷於無政府狀態，則力贊余之計劃，且允為後援。余遂令鄭士良發兵，士良率衆出攻新安、深圳，敗清兵，盡獲其械，轉戰於龍圖、淡水、永湖、梁化、白芒花、三多祝等處，所向皆捷，遂占領新安、大鵬至惠州、平海一帶沿海地，以待余與幹部人員之入，與武器之接濟。不圖惠州義師發動旬日，而日本政府更換，新內閣總理伊籐氏對中國方針與前內閣異，則禁制臺灣總督不得與中國革命黨通，又禁武器出口及日本軍官投革命軍者。而余內渡之計劃，為之破壞，遂遣君與同志數人，往鄭軍報告情形，飭其相機便宜行事；君間道至惠，已在起事後三十餘日矣。士良所部，連戰月餘，彈藥告盡，而率衆萬餘人，渴望幹部軍官及武器之至甚切；忽得君所報告消息，不得已，下令解散，間道出香港，隨者猶數百人。而君以失路為清兵所捕，遂遇害；蓋外國義士為中國共和犧牲者以君為首。論者皆曰惠州之無功，非戰之罪，使日本政府仍守前內閣方針，則兒玉氏不至中變，即不為我援助，而武器出口及將校從軍官者不為禁制，則余內渡之計劃不破，資以利器，復多知兵者為之指揮，方其時士氣方張，鼓行而前，天下事寧復可量。而革命軍無此挫折，則君斷不以不幸而被戕，抑不待論。然君曾不以政府忻厭為意，銜命冒險，雖死不辱，以殉其主義，斯眞難能可貴者。民國成立七年，君弟純三郎始以君骨歸葬，今復為君泐石以示後人，君生平行誼，君之親族交遊能述之，無俟余言；余重惜君，故獨暴君死事本末表而出之。更為祝曰：『願斯人為中國人民自由平等奮鬭之精神，尚有嗣於東。』孫文。」

先烈陳英士先生從事革命，忠勇兼備。辛亥武昌起義，先生在滬響應，規復浙寧，全國風從，而革命得以告成。厥後討袁失敗，仍始終不懈，而袁為敵，卒為所忌，以身殉國，而身後蕭條，無以為葬。國父傷之，乃函告同志醵資營窆，以慰忠靈。其惓懷死友之高風，表彰志士之厚誼，誠足風已。民國六年一月廿八日致鄧澤如函云：

「英士兄靈柩定於本年五月十八日安葬，因經營紀念碑修墓及送葬運柩等件，需款頗多，豫計須在萬元以外，而此處同志人人皆已窮窘至極，無從設法。以英士為國為黨，鞠躬盡瘁，卒殉其職，而死無以葬，實為吾黨之責，故決欲在黨中募集七、八千元，以充葬費。經有通函至各分支部，請其盡力籌措，彙交前籌餉局長滙滬。此為對於死友之責任，諒兄亦必不辭也。」（玖——二八五）

「陳君英士功業彪炳，志行卓絕，去歲為凶人謀害，寃痛未伸，現擬由黨中醵資妥為安葬，預計所費尚需萬元，務請同志盡力募集，彙交原日籌餉局長滙滬供用。葬期擬定五月十八日，時間已迫，信到切望從速籌集交滙，以資送葬。凡屬同志，俱有救恤之誼，矧在陳君為吾黨惟一柱石，於此切希不吝賻助，至盼復示。」（通告醵資安葬陳其美函・玖—二八九）

嗣議會與政府欲以國葬革命元勛黃氏克强，廟祀立傳，並撫卹其遺族。國父念及陳先烈英士之盡瘁黨國，功亦不亞於黃氏，而死事之烈，猶且過之，亦應在表功報德之列，特函各總長各議員，望以此意轉達政府與議會，同爲表章，以慰英靈。民國六年四月，與唐紹儀致各總長各議員函請國葬陳其美，文曰：

「自黃君克强云逝，遐邇悼痛，而諸執事又追維前烈，以爲崇德報功，必宜優以殊禮，以爲國民矜式；於是主持國葬暨撫卹遺族，廟祀立傳諸議，所以揄楊徽烈，樹立楷模者，義至閎厚。顧文等猶有私議，欲以奉陳左右者。黃君勳績爛然，固國人所共欽；然亦有平生事功艱苦卓絕，百折不撓，卒以身殉，死義甚烈如陳君英士者，尤冀諸執事有以表章之也。溯陳君之生平，光復以前奔走革命，垂十餘載，其間慷慨持義，聯綴豪俊，秘密勇進，數瀕危殆，凡舊同志類能稱述。辛亥之秋，鄂師旣舉，各省尙多遲回觀望，陳君冒諸險難，卒拟義於滬上，爾時大江震動，紛紛反正者，滬軍控制咽喉，有以促之也。其後金陵負固，各省義師雲集環攻，而饟械所資，率取給於滬軍，陳君措應裕如，士無匱乏，此其於民國之功，固已偉矣。袁旣毀宋，陳君首摘發其證據。旣而擧義中挫，奔亡三島，爾時袁賊謀帝之心，路人皆見，而敗喪之餘，衆多沮怯；顧陳君强毅不撓，與文等肩任艱難，策劃進行，分遣羣衆，連結各省軍旅，灌輸以反對帝制之心理，去歲蹈險歸滬，指麾一切，雖屢起屢仆，志不少衰，肇和一役，事雖未集，然挽回民氣，使由靜而動，實爲西南義軍之先導。袁旣疾君深，乃嗾其爪牙，卒刺殺君，死狀至慘。揆其平生捨易就難，爲人所不能爲，勳烈媲於黃君，而死義之烈過之。特以殉國之際，袁惡猶熾，文等雖抱沉痛，無以張之。惟浙督呂君，允助以喪葬之資。其後滬上大會追悼，亦蒙黎大總統賜唁極哀。是其誠信所著，固爲舉國同悼者已。惟是黃君現逝，得諸執事爲之主持，存卹表章；而陳君則遺體至今猶寄存滬上，無以爲葬，身後蕭條，爲狀尤艱。夫逝者已矣，而表章前烈，責在後來。今黃陳兩君事同一例，倘諸執事主持正誼，以此意達之議會政府，爲之表章，予以國葬，並存卹其遺族，則觀感攸在，其所以陶鎔國風，示國民以儀型，所存所裨，寧有涯涘？文等夙共患難，聞見較切，故敢陳區區，伏維亮鑑。」（玖—二九〇）

故　國父於祭陳先烈英士之文，曾譽之爲：「生爲人傑，死爲鬼雄，唯殤於國，始與天通。」又曰：「文老幸生，必成君志。」觀於以上各則，則　國父對於陳烈士之忠義，其欽佩已可見矣。祭文曰：

「民國五年六月二十一日，孫文謹以清酒庶羞，敬奠故都督陳君英士之靈曰：嗚呼英士！生爲人傑，死爲鬼雄，唯殤於國，始與天通。亡清季年，呼號奔走，瀕死者三，終督滬右。東南半壁，君實鎖鑰，轉輸不匱，敵胥以挫。孤懷遠識，洞燭奸宄，好爵之縻，避之若浼。賊惡既淫，更張義師，奔敢云殿，自訟責辭。毖後懲前，文屬主張，彼惎文者，謬訕爲狂。君獨契文，謂國可救，百折不撓，以明所守。疾疢彌年，未嘗逸晦，我志鬱伊，賴君實篤。君總羣豪，與賊奮搏，百怪張牙，圖君益渴，七十萬金，頭顱如許，自有史來，莫之或匹。君死之夕，屋欷巷哭，我時撫屍，猶勿瞑目。曾不逾月，賊忽自殂，君倘無知，天胡此怒。含笑九原，適自玆始。文老幸生，必成君志。嗚呼哀哉！尚饗。」（拾貳—一四）

他如吳祿貞、張世膺、周維楨三氏，當義師甫起之日，即陰圖大舉，以絕清兵南下赴援，用張我北伐之勢，豈知事甫成熟，遽遭慘死。 國父亦念其忠烈，准以從優撫卹，風示天下。民國元年三月，令陸軍部文曰：

「據該部（陸軍部）呈稱：『竊維蕩滌中原，肇建民國，爲先祖復累世之仇，爲後人造無窮之福，實赴義先烈捐軀灑血，以有今日。起義以來，效命疆場，碎身沙漠，若將若士，更僕難數。而吳祿貞、張世膺、周維楨三氏者，爲同胞慘死，尤最悽愴，恤悼宜先撫卹者也。爰採各國撫遺卹亡之例，定撫卹章程，凡此次起義諸將士兵卒，或遇害於行伍，或遭凶於暗昧，均按其等級高下，申請賜予一時卹金及遺族卹金，以酬忠烈而勵將來。查吳祿貞應照大將軍例賜一時卹金一千五百元，遺族每年卹金八百元；張世膺照右將軍例賜一時卹金一千一百元，遺族每年卹金六百元；周維楨照大都尉例賜一時卹金九百元，遺族每年卹金五百元，擬請從先酌准賜予三氏卹金，以爲我共和開國報功酬勛之先表，宣示天下，以不負忠烈之意。爲此申請察核，伏乞照准施行』等情前來。查民國新成，宜有彰勛之典，吳、周、張三氏當義師甫起之日，即陰圖大舉，絕彼南下之援，以張北伐之勢，事機甫熟，遽斃凶刀，疊被重傷

，身首異處，死事至慘，而撫邺之典尙爾缺如。該部所稱，實屬深明大體，應准如所請，風示天下。此令。」（拾—四五）

復准撥發公款，設立武漢首義諸烈士之遺孤教養所，以酬建國之功勛，而慰忠魂於泉壤。民國元年四月，令財政部撥款，文曰：

「查民國開創，武漢實爲首功，而諸烈士死事之慘亦獨烈，該發起人等遺孤教養所之設，旣昭博愛之忱，亦協報功之義，所請撥給公債票二萬元之處，卽由該部照撥可也。此令。」（拾—六二）

並爲文以祭之，中云：「人生有死，死有重輕，死以爲國，身毀名榮。」等語。蓋諸烈士爲國而死，其死重於泰山，宜其俎豆馨香，爲千祀萬禩所崇敬矣。祭文曰：

「維中華民國元年三月十七日，國民公僕孫文謹致祭於武漢死義諸烈士之靈而告以文曰：中夏不弔，滿夷竊亂；盜憎主人，府尤叢怨。豈曰無人，摧仇奮患；時不可爲，熱血空濺。乃及辛亥，火中成軍，武漢颷發，胡虜土崩。旣攻旣擊，椓我弟昆；雖椓弟昆，大功則成。人生有死，死有重輕，死以爲國，身毀名榮。漠漠沙場，烈骨所暴；嶄嶄新國，烈士所造。千祀萬禩，俎豆馨香，魄歸蒿鄉，魂在帝旁。伏維尙饗。」（拾貳—七）

民國紀元前六年，劉烈士道一策劃在萍、瀏、醴等地擧事，中途爲淸吏所捕，嚴刑拷問，不得實情，乃以身懷「鋤非」二字之圖章，引漢書「非種必鋤」之句以定罪，於是年十二月三十一日遇害於長沙，年僅二十有二。國父輓之以詩，中有「誰與斯人慷慨同。」句，則其就義時激昂之情景，與夫　國父哀痛之衷懷，可於詩句中見之矣。詩曰：

「半壁東南三楚雄，劉郎死去霸圖空，尚餘遺孽艱難甚，誰與斯人慷慨同；塞上秋風悲戰馬，神州落日泣哀鴻，幾時痛飲黃龍酒，橫攬江流一奠公。」（拾貳—三）

國父對於開國諸烈士之忠義事蹟，表揚惟恐不至，故參議院請設立國史院，　國父深表贊同。並力主國史之編纂，應獨立自主，不受其他機關之干涉，庶可秉筆直書，無稍隱忌，方能示好惡之公，昭是非之正也。民國元年三月，咨參議院文曰：

「查中國歷代編纂國史之機關均係獨立，不受他機關之干涉，所以示好惡之公，昭是非之正，使秉筆據事直書，無拘牽顧忌之嫌，法至善也。民國開𢼸，爲神州空前之偉業，典章制度以及志士締造之成績，不有信史，何以焜耀宇內，昭示方來？該員等所請設立國史院之舉，本總統深表贊同。」（拾—一一）

惟崇德報功之舉，亦應以利國福民者爲準，故南昌馬毓寶都督欲保留前清顯宦專祠。國父以爲凡在淫祀之列，理應分別充公，改作正用，毋濫祀典，以崇體統。其不苟同也若是。民國元年三月四日電復馬毓寶廢淫祀。文曰：

「南昌馬都督鑒：艶電稱請令行各省，前清顯宦專祠，不能任意銷毀，以留作辦公廨宇爲前提尙可，若謂藉此以崇體統保文明，殊爲不合。查前清專祠崇祀之顯宦，莫如曾、左；然曾、左之所以得馨香俎豆，特以彼能獻同胞之骨肉於滿廷，而滿廷乃亦以塵飯土羹酬酢之，且欲誘吾漢族子孫萬禩，視曾、左爲師法，而遂其煮豆燃萁之計。從古專制家之蔑視公理，自謀私利，大抵如是，不特滿清爲然也。夫崇德報功，應以國利民福爲衡準，而後不論何期，皆能血食。蓋果功德在民，斯民亦永矢勿諼，榮以崇祀，庶標矩矱。若功不過一姓之良，績不過一時之著，此當時資其效用者，固宜圖以報稱之，而與後世何與焉？況此中有道德標準之關係，更安能以人人目爲自殘手足之人？乃因滿廷私意，建有專祠，遂永使吾民馨香之，嚮往之，模範之，以淆亂是非公論乎！本總統爲世道人心起見，對於前清顯宦，固不欲因儆制而率行崇祀，以惑是非；亦決不執偏私，而有意推求，以誣賢哲，惟前清諸顯宦，倘人民對之已無敬愛之心，卽政府視之應在淫祀之列，理應分別充公，改作正用，毋濫祀典，致蠱來玆，是則崇體統保文明之正當辦法也。特復。孫文、支」（玖一一五二）

第五目　褒善貶惡

滿清覆亡，民國建立，本可致力建設，以實行民主政治。乃軍閥迭起，竊踞名位，致舉國騷然，迄無寧歲。而甘肅馬福祥等，整軍經武，捍衞邊圉，不問南北戰爭，克盡軍人天職。國父爰勉其加强軍事訓練，屏藩西北，注重全局，毋囿於地域之偏見也。民國十二年二月，獎勉馬福祥、馬麒、馬廷勷、馬鴻賓、馬麟、馬國良屏藩西北注重全局函。文曰：

「頃馬鄰翼君爲道近況，並盛稱執事整軍經武，捍衞邊圉，深爲佩慰。甘肅民俗强悍，自古屏藩西北，今得執事加以訓練，當更知恥有方。近年內憂外患，紛乘迭起，而西北獨幸然無事，是皆君等坐鎭之力也。**倘能擴而充之，力矯近日各省軍人之地域偏見，而注意全局，一以强國爲福，將見豐功偉烈，照耀寰宇，以視拘於一隅者，豈可同日語哉**。玆特托馬鄰翼代致鄙忱，幸省察焉。即頌戎綏不一。」（玖—六一一）

其他將領之明正義、有戰功者，國父亦獎勉備至。如討賊軍西路總司令劉震寰起義梧州，克復名城。國父令嘉其以忠信結軍心，和衷聯友將，故能會師東下，驅除巨憝，並勉以此後更矢忠勤，卒成偉業。民國十二年獎勉劉震寰令曰：

「令討賊軍西路總司令劉震寰。十年援桂之役，討賊軍西路總司令劉震寰起義梧州，遂立奇功。自是馳驅全桂，備歷賢勞。去歲粵中變作，正義幽晦，自該總司令親受密令，矢志討賊，於逆燄鴟張之際，堅苦經營，**忠信以結軍心，和衷以聯諸將**，終能會師東下，驅除巨憝，克復名城。該總司令忠勇兼備，勳勞特著，**允宜褒嘉**，用**張殊績**。所有該軍將士，均着犒賞，以示激勸。當此百粵粗定，國難未平，尤宜共矢忠勤，卒成偉業，有厚望焉。此令。」（拾—六七）

其恃勢凌人，以行不法者，爲國父所深惡。故民國元年袁世凱所派之易迺謙、王遇甲、丁士源、徐孝剛等人，在漢口慘殺軍民，滅絕人道。而又對南方代表謾詆共和，挑起惡感。國父得當地軍商各界檢舉，特電袁氏，欲其停止委用，以平民憤而順輿情。民國元年三月十二日電袁世凱文曰：

「北京袁大總統鑒：據軍商各界呈稱：『易迺謙、王遇甲、丁士源、徐孝剛等前往漢口慘殺軍民，絕滅人道，鄉里切齒，欲得而甘心。共和成立以後，又對於南方代表譭謗共和，故意挑起南方惡感，南方將士皆稱應宣布死刑？應請逕電袁總統先行停止委用』等語。自係實在情形，即希查核辦理。孫文叩。侵。」（玖—一五五）

至背義逆理之人，尤為 國父所難恕，故令追回委狀，毋任其在外藉端蠱惑也。民國四年致金一清函云：

「得南洋特派員報告書云：弓長傑持反對意見，併出委任狀示人，謂伊本受委任，今見中山不能辦事，故不復附和云云。可謂悖謬之至。弓長傑如果反對，即不應復受委任；既受委任，而藉以反噬，天下寧有是理耶？查弓氏曾由兄介紹，今請兄即向彼追回委任狀寄來，無得任其藉端蠱惑。蓋此等反側之人，最為弟生平所不能恕也。」（玖—一二七）

第六目 明典省刑

民國初立，各地政府，不免濫逮滿清官吏，以為涉有漢奸嫌疑。 國父深感此種行動，有礙革新政風，特令各省都督，各軍政分府，對於曾仕清廷官吏，應慎查明察，如確有惡劣證據者，方可加以罪名，其他不得肆意逮捕，以示共和政體，刑當其罪，法允於平。民國元年一月十四日，禁止株連通電文曰：

「各省都督，各軍政分府均鑒：近因各地每有曾仕清廷之人，罪狀未著，遽以嫌疑被逮。如其果係漢奸，敢於破壞我國前途，則誠自速愆尤。若以爲曾受清命，則魏奕曾仕隋室，劉基曾仕元朝，專制鼎革之秋，猶且不問，若今日改革政治爲共和，則國猶是國，人猶是人，蓄衆容我，倂無畛域。當此百務方新，革命英奇，難敷全國建設之用，寧可以狹義示人，動輒逮捕狙擊，使四海之內屛息而聽，重足而立？嗣後各地如遇此等嫌疑告密之事，應先令查根憑實，再交審判廳確實查核，庶刑當其罪，法允於平，不致以「嫌疑」二字，濫用拘繫，爲民國革新名譽之累。特此普告。總統孫文。」（玖—一一一）

尊重人道，安定民生，尤爲 國父所重視。故人民如犯法紀，嚴禁刑訊，以保障神聖之人權。否則三木之下，何求而不得，寃獄以興，民不堪命，此豈共和政府所忍出哉！民國元年三月，兩令內務司法兩部嚴禁刑訊及禁止體罰文曰：

「近世文化日進，刑法之目的亦因而遞嬗，昔之倡威嚇報復爲職志者，今也則異。**刑罰之目的，在維持國權，保護公安**，人民之觸犯法紀，由個人之利益與社會之利益不得其平，互相抵觸而起；國家之所以懲創罪人者，非快私人報復之私，亦非以示懲創，使後來相戒。蓋非此不足以保持國家之生存，而成人道之均平也。故其罰之程度，以足調劑箇人之利益與社會之利益之平為準，苛暴殘酷，義無取焉。前清起自草昧之族，政以賄成，視吾民族生命，曾草菅之不若。教育不興，實業衰息，生民失業，及其罹刑網也，則又從而鍛鍊周納，以成其獄，**三木之下，何求不得**。彼虜不察，奬殺勖殘，殺人愈多者立膺上考，超遷以去，轉相師法，日糜吾民之血肉以快其淫威，試一檢滿清史館之所紀載其所謂名臣能吏者，何莫非吾民之血跡淚痕所染成者也。本總統提倡人道，注重民生，奔走國難二十餘載，對於亡清虐政，曾聲其罪狀，布告中外人士，而於刑訊一端，尤深惡痛絕，中夜以思，情逾剝膚。今者光復大業，幸告成功，五族一家，聲威遠暨，當肅清吏治，休養民生，蕩滌煩苛，咸與更始。為此令仰該部轉飭所屬，不論行政司法官署及何種案件，一概不准刑訊。鞫獄當視證據之充實與否，不當偏重口供；其從前不法刑具，悉令焚燬；仍不時派員巡視，如有不肖官司，日久故智復萌，重煽亡清遺毒者，除褫奪官職外，付所司治以應得之罪。吁！人權神聖，豈容弁髦；刑期無刑，古有明訓。布告所司，咸喻此意。此令。」（拾—三三）

「近世各國刑罰，對於罪人，或奪其自由，或絕其生命，從未有濫加刑威虐及身體，如體罰之甚者。蓋民事案件，有賠償損害回復原狀之條，刑事案件，有罰金拘留禁錮大辟之律，稱情以施，方得其平。乃有圖宣告之輕便，執行之迅速，逾越法律，擅用職權，漫施笞杖之刑，致多枉縱之獄者，甚為有司不取也。夫體罰制度，為萬國所屏棄，中外所譏評，前清末葉，雖懸爲禁令，而督率無方，奉行不力。頃聞上海南市裁判所審訊案件，猶用戒責，且施之婦女，以滬上開通最早，四方觀聽所繫之地，而員司猶踵故習，則其他各省官吏，難保無有乘民國初成，法令未具之際，復萌故態者。亟宜申明禁令，迅予革除。爲此令仰該部速行通飭所屬，不論司法行政各官署，審理及判決民刑案件，不准再用笞杖枷號及他項不法刑具。其罪當笞杖枷號者，悉改科罰金拘留，詳細規定，俟之他日法典。此令。」（拾—四九）

故伍廷芳與沈家本同任修律大臣時，成民刑律草案，汰去前清凌遲、連坐、刑訊等條文，國父譽爲開中國刑法之新紀元。

「……復與沈家本同任修律大臣，成民刑律草案，旋頒行刑。凡前清凌遲、連坐、刑訊等條，皆汰去，爲中國刑法開新紀元。」（拾貳——三二）

第五節　愛國心及其實現之道

第一目　愛國須先愛鄉

國爲鄉之積，故愛國者欲使國之強盛，應先整治鄉里，而後積鄉成國，其國未有不強盛者。

國父鑒於粤省境內，民政不修，財力支絀，風俗浮靡，賭博縱恣，擄人於郭內而不能禁，殺人於通衢而不能救，引爲奇恥大辱。祇以奔走國事，離鄉背井，而無從致力。近雖返處故鄉，又迫於護法之役，獨任勞怨，倍歷艱辛，又無暇顧及鄉政。故於民國七年，桂系軍人欲犧牲護法，與北方軍閥議和，最後竟改組軍政府，易大元帥制爲七總裁合議制。國父乃辭職赴滬，臨行以電文留別粵中，父老昆弟，勉其移愛國之心，以先愛鄉，培護民力，增進民智，扶持善良風俗，發展人民自治，使家鄉郅治，再擴其績效，以至於國，則愛國之心，自能逐漸實現矣。民國七年五月，留別粵中父老昆弟書曰：

「文常聞國人之所以稱吾粵者矣，以爲粵據南海之形勝，襟帶三江，天產至豐，地力至博，與海外交通最先。工商學子又往往航行萬里，遠適異國，闢草萊，所以治貿遷而求學術者，莫不推粵，而從之步趨焉。雖然，此恆人之辭也。**文則以爲吾粵之所以爲全國重者，不在地形之便利，而在人民進取性之堅強；不在物質之進步，而在人民愛國心之勇猛。**晚近幾十年來，外怵於異國之侵陵，內鑑於滿政之窳敗，皇皇然有危亡之懼，乃悉心畢慮，期驅異族，建民治，爲全國創。自乙未以來，大小數十役，斷首洞胸，後先相繼，而終不反顧。海外僑胞亦復撙衣節食，罄其血汗之資，以扶義舉。數國內革命之軍，敢死之士，殆往往有吾粵志士從事其間，奮其義憤。辛亥一役，遂滌蕩數千年專制之瑕穢，而建立民國，此則吾父老昆弟大有造於國者也。民國既造，吾父老昆弟念締造之艱難，凜建設之不易，猶欲瘁其心志，進國家於郅治。顧以權邪柄國，良法美政遏絕不行，晦塞之象，劇於專制，此則吾父老昆弟疾首太息，莫可如何，而亦文夙夜所引爲深憾者也。文去鄉之日久矣，雖奔走國事之頃，每念桑梓之鄉，釣游之地，斯須之間未嘗去懷。頗聞數年以來，民生日以凋敝，物力日以艱難，風俗日以偷薄，寇盜日以充斥，疑以爲傳聞之過。迨客歲歸來，目擊所謂民政之不修，財力之支絀，風俗之浮靡，賭博之縱恣，擄人於郭內而不能禁，殺人於通衢而不能救，行旅相戒動罹禍患，擧全國所未有之惡德亂政無不備之，此眞吾粵之深恥奇辱。而吾父老昆弟所宜力爲湔濯者也。夫以吾父老昆弟愛國如是其殷也，進取如是其强也，而獨於桑梓之鄉日聽其窳敗墜落而不一加拯救者，是則吾父老昆弟愛國之心過厚，而愛國之責太重。故雖意不忘故鄉，欲曲盡其維護之任，而力有所不能顧。暴力者乘之，遂肆其摧殘刻剝而無以抗也。然國者鄉之積也，愛國者亦必愛鄉，文以數十年奔走在外，未能爲故鄉有所盡力，夙夜耿耿，每用自愧。此一載來，雖處故鄉，顧迫於護法之役，備歷艱難，獨任勞任怨，綢繆補苴，心力交瘁，仍未暇有所助於父老昆弟也。今任務稍得息肩，方欲藉此一漫游海外，略事休養，復我元氣，俾異日得再効駑鈍於吾父老昆弟。臨別惓惓，竊欲吾父老昆弟深念夫愛國固吾人之天職，愛鄉亦吾人義所不可廢，吾人旣負救國之責，而整治鄉邦，亦宜引爲己任。夙夜孳孳，而致力於所謂培養民力，增進民智，扶持風俗，發展自治，採人之所長，去我之所短，以發揚吾粵之光榮，永永爲全國之儀型，以馳譽於世界。如是而我父老昆弟愛國之心乃可云盡，救國之責乃可完滿而無憾。不然徒舍近而圖遠，譬之巨廈，第事粉飾外觀，不知其內之蠹蝕，日積月累，必至棟摧樑崩而後已。此豈我父老昆弟所忍出也。文行矣，翊衞桑梓，發揚光大，重勞我父老昆弟之慮劃。溯回珠江，瞻望五嶺，語長心重，不覺覼縷，區區之忱，維我父老昆弟共鑒之。」（玖—三七七）

第二目　由愛鄉而擴爲愛國

人皆愛鄉，使各鄉郅治，進而擴爲愛國，則凡在共和政體下之人民，皆以主人翁之地位，對國家一切事務，共具愛護之心，羣策羣力，竭智盡瘁，公忠處理，不能視爲分外之事，漠不關心，則中國前途，自有莫大希望矣。　國父慨國人如一盤散沙，故作此策勉之言也。民國元年十一月在蕪湖歡迎會演講，略曰：

「我國自有歷史以來，人民屈服於專制政府之下，我祖我宗，以及於我之一身，皆爲專制之奴隸，受君主之壓制，一切不能自由。所謂國家者，亦不過君主一人一姓之私產，非我國民所有也。故人民無國家思想，則無國民資格。現在君主專制既已推翻，凡我同胞，均從奴隸躍處主人翁之地位，則一切可以自由，對於國家一切事件，亦有主權矣。然既處於主人翁之地位，則當把從前之奴隸性質，盡數拋却，各具一種愛國心，將國家一切事件，羣策羣力，盡心辦理，萬不能再視國家事爲分外事，能如是，中國前途，自有莫大之希望。」（捌—五八）

第六節　重民生

第一目　期能實現大同理想

國父對於民生問題，至爲重視。故三民主義於民族民權兩主義外，復列入民生主義，其要點闡釋詳盡，爲安定民生之寶笈。國父爲民生所下之定義，爲人民之生活，社會之生存，國民之生計與羣衆之生命。故於廣州行轅與報界記者談話時，主張實行稅契，卽以所得之款，舉辦築路開礦等實業，復以其所有盈餘，辦理育幼，養老諸業務，蓋取諸於公者卽用諸於公，使民生問題得以解決，而大同之政治理想，亦得以逐漸實現矣。民國元年五月在廣州行轅與報界記者談話有言：

「實行稅契，全國每年可得四十萬萬，今日支出之數不過四萬萬，度支既足，可用以再築鐵路、開採礦山兩種實業。計此兩項稅，二十年後亦可得四十萬萬。爾時國家不患其貧，且患其富。蓋富而無所支銷，亦甚難耳。至時乃將所入支作敎育費，年八歲至二十歲者皆令入學，飲食衣服，一切供備；又支作養老費，年五十以上者，皆令歸休，飲食衣服，亦一切供備。」

第二目　重視農業

我國自古以農立國，故后稷教民稼穡，樹藝五穀，五穀熟而人民育。孟子亦以王者之行仁政，首在不違農時，使之深耕易耨，仰足以事父母，俯足以畜妻子，樂歲終身飽，凶年免於死亡。蓋民以食爲天，衣食足而後知禮義。尤以軍興以後，四民失業，而農民之困苦顚連爲更甚。故國父於軍事粗定，卽令內政部通飭各省，切實注重農政，保護農民，助其耕具，以事生產，民食不匱，則國自安定矣。民國元年三月，令內政部通飭各省切實保護農事，文曰：

「軍興以來，四民失業，而尤以農民爲最，田野荒蕪，人畜流離，器具穀種之類存者蓋鮮。自近海內粗平，流亡漸集，農民夙無蓋藏，將何所賴以爲耕植之具？夫一夫不耕，或受其饑。若全國耕者釋耒，則雖四時不害，而饑饉之數，已不可免。國本所關，非細故也。方今春陽載和，正屆農時，若不亟爲籌畫，一或懈豫，衆庶艱食，永懷憂慮，無忘厥心。爲此令仰該部迅卽咨行各省都督，飭下所司，勞來農民，嚴加保護。其有耕種之具不給者，公田由地方公款，私田由各田主設法資助，俟秋成後計數取償。各有司當知此事爲國計民生所係，務當實力體行，不得以虛文塞責，勉盡厥職，稱此意焉。切切此令。」（拾—四九）

國父且於民生主義第三講中，述及保護農民要點，應在政治法律上，制出種種規定，使農民對於權利，得有鼓勵，得有保障，不致遭受地主之剝削，則農民自樂於勤勞耕種，增加生產矣。民生主義第三講有言：

「……中國的糧食生產，既然是靠農民，中國的農民又是很辛苦的勤勞，所以中國要增加糧食的生產，便要在政治、法律上制出種種規定，來保護農民。中國的人口，農民是佔大多數，至少有八九成，但是他們由很辛苦勤勞得來的糧食，被地主奪去大半，自己得到手的幾乎不能夠自養。……據最近我們在鄉下的調查，十分之六是歸地主，農民自己所得到的，不過十分之四，這是很不公平的。若是長此以往，到了農民有知識，還有誰人再情願辛辛苦苦去耕田呢？假若耕田所得的糧食，完全歸到農民，農民一定是更高興去耕田的；大家都高興去耕田，便可以多得生產。但是現在的多數生產，都是歸於地主，農民不過得回四成。農民在一年之中，辛辛苦苦所收穫的糧食，結果還是要多數歸到地主，所以許多農民便不高興去耕田，許多田地便漸漸成荒蕪，不能生產了。」（壹—一五二）

並於廣州農民黨員聯歡會上，提倡農民大聯合，銷除受商人與地主之經濟壓迫，用農民團結力量，保全其固有利益。國父之愛護農民，無微不至，亦所以解決民生問題之一端也。民國十二年八月在廣州農民黨員聯歡會講詞曰：

「……現在政府幫助農民，提倡農民團結，農民如果利用政府的幫助，去實行結團體，就可以恢復自己的地位，謀自己的幸福。你們農民所受的艱難痛苦是甚麼情形呢？大家想想，一年辛苦到晚，就是擔了多少水旱天災的憂，受了多少的風雨寒熱，費了多少的血汗勞動，纔收穫若干穀米。或者在穀米沒有收成之先，當青黃不接的時候，急於要借錢度日，或者是已經收成之後，急於要完糧納租，都不能不把穀米用極平的價出賣，商人一買一賣，賺很多的錢。而且你們所耕種的田，大多數都是租來的，租錢又貴。所以你們每年辛辛苦苦得來的錢，都是爲商人和田主空勞動的，這就是受經濟壓迫。因爲受了很大經濟壓迫，所以你們農民便是很窮，所處的地位便是很低。本來全國人民，都是靠農民來吃飯的，農民一日不賣穀米，全國人便一日沒有飯吃。所以你們的地位，實在是很重要的。不過因爲大家沒有團體，自己固有的利益，都沒有力量保守，在無形之中，都是被人搶去了，所以自己要吃虧，要受種種痛苦，我們革命黨是建立民國的人，實行三民主義，今日第一件事，便留心到農民，便是要救濟農民的痛苦，要把農民的地位抬高，並且把農民在從前所受官吏和商人的痛苦，都要消除。我們要做成這件事，根本上還是要農民自己先有覺悟，自己知道自己的地位是重要的，要有這個思想，然後大家纔能夠聯絡起來。」（捌—二七五）

第三目　關懷災黎

國父之愛護農民，既如上述。而於災民之關注，亦極殷切。時民國新造，神州以內，共罹兵燹，復以連年水旱爲患，人民流離失所，至爲可憫。特令各省都督，先放急賑，以濟災黎，而弭地方後患。民國元年三月令各都督急賑文曰：

「溯自川路事起，武漢倡義以來，兵燹蔓延，於茲數月，東南半壁，已無寧區；加以升虜抗命，西北興戎，燕都失防，禍延津保，神州以內，共罹兵烽；矧當連年水旱之餘，益切滿目瘡痍之感。夫民國新造，首重保民，顧以用兵之故，致貽失所之憂。本總統每一念及我同胞流離顚沛之慘象，未嘗不爲之疾首痛心，寢食俱廢也。茲者大局已定，撫慰在先，爲此電令貴都督等，從速設法勸辦賑捐，仍一面酌籌的款，先放急賑，以濟災黎而謀善後，並將各處被難情形及籌辦方法先行電復，俾得通盤籌算，防患未然，是爲至要。」（拾—五七）

時南京各屬，亦鬧饑荒，有請發公帑辦平糶者。國父乃令嚴禁奸商市儈居奇抬價，並察看地方情形，應否酌辦平糶，以調節民食。蓋食爲民生要素之首，不可不密切注意也。民國元年三月，令南京府知事查明張瀛呈請調查饑民設局平糶實情妥爲辦理文曰：

「茲據張瀛呈請調查金陵各屬饑民情形發帑設立平糶局等情。查米價漲落，民食攸關，而米粒之屯積與夫運輸若果匱乏，尤爲可慮，亟應令仰該府知事，一面查明金陵市面有無奸商市儈抬價居奇情事，嚴行禁止，一面察看地方情形，應否設局平糶酌量救濟，分別查明，妥爲辦理。是爲至要。此令。計發張瀛呈請發帑開設平糶局原呈一件。」（拾—五三）

迨東江逆黨叛亂後，石龍以上十數縣農工物資，疏運受阻，民皆叫苦。國父令設商運局，悉心調查，妥籌善法，使運輸暢通，農工生計得以維持。仁者之用心，無不處處爲人民設想也。

民國十二年九月，令東江商運局局長王棠妥籌商運善法以濟民困文曰：

「東江自逆黨變亂以來，商貨停滯，土產不能運出，需要不能運入；加之兩次水災，損失無算，石龍以上十數縣農工失業，人民困苦顚連，情殊可憫，不有救濟，將伊何底？特設商運局，以濟時勢之窮，而救災區之困。着該局長悉心調查，妥籌善法，務使運輸利便，而東江上游之十數縣土貨得以暢銷，需要有所取給，俾農工生計得以復原，人民困苦早日消滅，以副設局之本旨，有厚望焉。此令。」（拾—七二）

至戰區饑民，尤爲 國父所關切。故當陳逆叛軍盤踞惠城時，民不得食，惄焉傷之，令於城下之日，即飛運糧食，賑濟窮乏，以免成爲餓莩。民國十二年十月，令廣東省長廖仲愷預辦米糧備濟惠城災民文曰：

「……東江用兵以來，逆軍憑依惠城之險，抗拒經月，現其兵已絕糧，居民愈可概見，哀此無辜，罹玆慘禍，仰該省長轉飭各善堂，迅行預辦米糧一百萬斤以上，一俟城下之日，即行飛運前往，賑濟窮乏，毋得遲延，致令他日無數人民，轉成餓莩。切切此令。」（拾—七七）

第四目　民生教育之特點

國父下民生之定義，首曰人民生活，而人民生活之內容，於衣食住行四者之外，猶須加以充實，故　總裁蔣公於民生主義育樂兩篇補述中，說明民生教育之特點，方可成為現代公民，從事復興民族，建設獨立自由之國家。則社會生存，國民生計與羣衆生命之三要旨，亦同時得以完成矣。

總裁在四十二年十一月十四日七屆三中全會發表上項補述中有曰：

「為了說明民生教育的特點，首先就要說明生活的內容。人類與一般動物的分別，祇是一點，就是人類有了生活，還要充實生活的內容。我們中國人要做現代的公民，復興民族，建設獨立自由的國家，我們的生活就要包含下列的各方面：

㈠生理與心理的健康；

㈡倫理與道德的生活——以合作互助為根本的個人修養，在家庭與社會中和諧共處。

㈢家庭生活——家庭職務，灑掃應對進退的禮節；

㈣職業生活——生產技能與服務精神。

㈤公民生活——地方的、國家的與國際的政治常識與民主習慣；

㈥表達意思與進修學術之能力——語言文字之使用；

㈦利用閑暇的方法——保健、審美，使生活成為快樂的生活。」（案上文見民生主義育樂兩篇補述第二章第三節：「三、教育的任務在充實學生生活的內容」·壹—一七一）

第四章　國家之興衰存亡

第一節　立國要素之從違

前章述立國要素，首在建立一國人民之共信與互信，彼此信賴而共趨一的，則國基自固。苟復能崇八德，張四維，重法紀，使立國之條件備，則强盛自可期矣。是故一國如違背立國之要素，則其國必衰而亡，惟有具備立國之要素，則其國必興而存。此可於以下事例見之。

第一目　中國何以不亡

中國立國之精神，注重道德，並重視上述各項之要素，所以能維持民族生存進化如此之久遠。其間雖經元代之蒙古人與清代之滿洲人，兩次滅亡中國，然而中國民族，恃其數千年之道德文化，非但不爲所滅，反而使其同化。以元代兵力之强盛，自應久保其國，何以不及百年，即爲我漢族所化，此無他，以其政治暴虐，不重道德也。所以欲恢復民族地位，應先恢復我固有之道德，此爲不易之理也。　國父在民族主義第六講有言：

「中國從前能夠達到很強盛的地位，不是一個原因做成的。大凡一個國家所以能夠強盛的原故，起初的時候都是由於武力發展，繼之以種種文化的發揚，便能成功。**但是要維持民族和國家的長久地位，還有道德問題，有了很好的道德，國家才能長治久安。**至於古時最強盛的民族，莫過於元朝的蒙古人。蒙古人在東邊滅了中國，在西邊又征服歐洲。中國歷代最強盛的時代，國力都不能夠過裏海的西岸。祇能夠到裏海之東，故中國最強盛的時候，國力都不能達到歐洲。元朝的時候，全歐洲幾乎被蒙古人呑併，比起中國最強盛的時候來，還要強盛得多。但是元朝的地位，沒有維持很久。從前中國各代的國力，雖然比不上元朝，但是國家的地位，各代都能夠長久。推究當中的原因，就是元朝的道德，不及中國其餘各代的道德那樣高尚。從前中國民族的道德因爲比外國民族的道德高尚得多，所以在宋朝，一次亡國到外來的蒙古人，後來蒙古人還是被中國人所同化。在明朝，二次亡國到外來的滿洲人，後來滿洲人也是被中國人同化。因爲我們民族的道德高尚，故國家雖亡，民族還能夠存在，不但是自己的民族能夠存在，並且有力量能夠同化外來的民族。所以窮本極源，我們現在要恢復民族的地位，除了大家聯合起來做成一個國族團體以外，就要把固有的舊道德先恢復起來。有了固有的道德，然後固有的民族地位，才可以圖恢復」。　(壹—四二)

故當袁世凱帝制自爲，各方紛起聲討之際，某君問　國父對於今後中國之觀念若何？　國父告以「中國有此義勇無雙、感覺靈敏之人，實爲中國不亡之福音。」蓋其時全國人民，皆不直袁之所爲，以其背棄立國要素之道德，而全民如此至誠相向，自無難而不能破也。民國五年　國父在東京與某君談話如下：

某君問：「先生對於今後中國之觀念若何？」先生曰：「辱君下問，余惟有以簡括之辭答君：中國有此義勇無雙、感覺靈敏之人（按係指反對袁氏帝制之人），實爲中國不亡之福音，故余實爲純粹抱樂觀主義之一人。」某君問：「然則將來建設之術如何乎？」先生曰：「**至誠相向，無難不破**。國民今後，自當**一心一德，共任巨艱**。君行矣！願各奮前程，早置中華民國於鞏固之域！」（拾壹—三四）

第二目　弱國何以能存在

根據弱肉强食之說，則弱國必爲强國所滅無疑矣。然而事實則不然。此由於弱國有獨立不撓之精神，所以亡者可以復興，斷者可以復續，我中國歷五千餘年之歷史，迭遭異族之侵凌，而迄今猶巋然獨存，即賴此精神以維繫之，故我不畏强國之脅迫也。中國今日處此險境，欲求安全之道，惟賴此獨立不撓之精神，以維持其嚴正中立，自能立於永久不敗之基也。　國父專著論中國存亡問題（民國六年）有言：

「中國將欲於此危疑之交，免滅亡之患，亦惟有自存其獨立不屈之精神而已。弱國使皆可亡，則二十世紀當無弱國；弱國既有自存於今世之理由，而獨我中國有亡國之憂，則可知亡國之責任，不能一以積弱卸之。夫國民有獨立不撓之精神，則亡者可以復興，斷者可以復續，不惟希臘足爲其證，又可徵之波蘭。波蘭之分割，至今百餘年，德已吞俄領，忽又建立波蘭王國；而俄人亦許波蘭戰後自治，是此戰結束之後，波蘭之復國可期也。夫德之欲復波蘭國與俄之許自治，皆不外欲得波蘭人之歡心，初無關於義俠之念。然波蘭於亡國之餘，尙能使人欲得其歡心，則豈非其民獨立不撓有以致之耶。夫彼百年亡國之胤裔，能使人畏而思媚之，我國猶是國也，而畏人之相迫脅乎？以儼然一中國而使不如比利時，不如希臘，乃至不如波蘭，此誰之罪歟？中國今日如乘奔驥而赴峻坂，其安全之途，惟一無二；而由此惟一無二之途，不特可以避現時之厄，且可以爲永久不敗之基。吾不憚千百反覆言之曰：以獨立不撓之精神，維持嚴正之中立。」（柒——八六）

第二節　治亂

第一目　遏亂源以圖治

國父爲促成南北統一，於民國元年四月一日辭卸大總統職，二十五日自福建至廣州，停留約五旬，初見粤省氣象日新，引爲欣慰。嗣聞謠傳有另推首領，擧行又一次革命之說。國父究其原由，乃由於無意識與不得志之兩種人散佈而起。其所以致此，前者以爲革命成功，若輩可踰閑蕩檢，爲所欲爲；後者欲乘反正之初，趁火打刼，恣肆一時。今見軍事漸平，政府加以約束，乃從而多方煽惑，以冀從中取利。此種愚妄之人，而欲擾亂社會，行險徼倖，國父斥其多行不義，終必自斃。故望粤省父老昆季，同心協力，以遏亂源，共維粤局之安定。國父告粤中父老昆季勉合力維持粤局書有曰：

「鄙人當返粤時，目覩夫城市依然，人民無恙，吾粤氣象有日新之機，方以爲慰，乃風聞有不逞無賴之徒，妄借扶正同盟會爲名，及推擧某某人爲首領，散布謠言，謂將起第二次革命。此種無稽之言本不足道，惟察其原因，此等風說實由兩種人而起：其一，則無意識之人也，誤會平權自由之說，以爲革命功成，吾輩可以踰閑蕩檢，爲所欲爲。迨見政府偶加限制，不能任意胡行，於是互相詆毀，希冀一旦有事，得於擾攘之際，復其鬼蜮之私，一因也。其一，則不得志之人也，當反正之初，淑慝未明，賢愚並進，如黃世頌者流，遂得恣肆於一時。迨軍務漸平，是非大定，彼輩遂不得逞，乃從而多方煽惑，結黨營私，冀人售其欺，而彼亦得於中取利，此又一因也。大約近日造謠之人，不出此兩種。夫無意識而造謠者愚也，不得志而造謠者妄也。以非愚則妄之人而作行險僥倖之事，欲望有成，殆無是理。且民國成立，實由多數志士犧牲生命財產構造而成，斷非一二希榮謀利之徒，瞎進盲從之輩，行同盜賊，志圖利祿者所可同日而語。試更以革命二字論，具有眞理，何等神聖。共和之國祇有改良政治之事，更無二次革命之可言。爲此說者，其人之不學無術已可概見，稍有識者必不受其愚，此鄙人深願我父老兄弟毋輕視此等亂言也。尤有說者，鄙人抱三民主義，此次辭職歸來，實有無窮之希望於吾粤。思以吾粤爲一模範省。誠以我粤之地位之財力，與夫商情之洽固，民智之開通，使移其囂張躁妄之陋習，好勇鬬狠之澆風，萃其心思財力於一途，振興實業，謀國富强，不出數年，知必有效。若此而不思，日以謬妄覬覦之心，爲犯上作亂之事，使商務凋殘，民生疲敝，而已亦何賴焉？且多行不義，終必自斃，縱幸逃乎法網？亦不齒於鄉評，彼即不爲大局計，可不爲一己計耶？是誠何心而乃忍爲此？此鄙人所以復願父誠其子，兄勉其弟，勿效此暴亂之行爲也。」（玖—一六二）

自陳炯明叛變後，林支宇上書　國父，揭穿軍人假託自治之名，陰行割據之實。　國父嘉其扶持正氣。且告以撥亂反正爲己任，願與國中有志者共勉之。民國十一年九月，　國父復林支宇書曰：

「執事扶持正氣，領袖名流，恫國難之頻仍，爲主義而奮鬬，至堪佩慰。聯省自治之得失，非寸函所能盡。惟執事亦謂軍人假托自治，陰行割據，無可諱避，但冀人民蹶起，打破虛僞，併力與軍閥決鬬，以實現共有共治共享之期望，偉哉斯言，可使虛僞之徒聞而氣沮。顧猶有聯軍自保，假自治之名，恣睢無忌；且已名爲立憲，而非法殺人，駢死者日以百數，仁人志士爲之痛心。執事謂利用時機，善爲斡旋。果此間所聞不謬，省言自治之下有此不祥，豈猶可以斡旋而利用耶？今中國之亂極矣，撥亂世而反之正，文素以爲己任。惟非一手足之烈所能致，甚願與國中有志者共之。執事既抱宏願，誠文所亟欲引爲救國之良侶者。」（玖—五五二）

第二目　護法可得和平

國父素主和平，此可於民國元年辭讓大總統之職位見之。乃此後軍閥紛起攬權，勢成割據，甚至有謀帝制者，有圖復辟者，因而解散國會，廢棄約法，所謂和平會議，惟爭個人之私利。故國父謂：「欲求永久和平，必使法律得圓滿之解決，不可苟且謀和，致負護法之初衷，且種違法之後患。」卓識讜論，深得治亂之源。故　國父自民國成立後，即以護法爲職責。民國八年十一月，　國父復湖北黎天才論南北和議函曰：

「來函所云和議應一勞永逸，尤徵卓識。方今言和多矣，要皆枝節言之，**不守共同之目的**，惟爭個人之私利，以此言和，豈能永久？蓋欲求永久之和平，必使法律得圓滿之解決，若國會不能完全自由行使其職權，內政外交舉難得合法之處理；如苟且謀和，豈獨負護法之初衷，抑且種違法之後患，此惡可者？來函之旨與文意略同，欣慰奚似。此後關於時局進行，有宜與貴軍商榷者，當卽囑丹書兄轉達。天氣漸寒，諸希爲國自重。」（玖—四四三）

第三節　忠奸

第一目　犯上作亂者必敗

國父就任非常大總統後，經國會非常會議通過，親自督師北伐。陳炯明乘虛進襲廣州，犯上作亂。國父斥其「凡敵人所不忍爲者，皆爲之而無恤，此不但國之不幸，抑亦世道人心之憂也。」然忠奸分明，卒爲忠勇奮發之湘、豫、滇、桂、粵諸軍殲滅之。易言「貞吉」、「貞純吉」若陳逆之不貞，宜其終不吉也。民國十一年九月，國父致本黨同志述陳變始末及今後方針書曰：

「文率同志爲民國而奮鬭，垂三十年，中間出生入死，失敗之數，不可縷指；顧失敗之慘酷，未有甚於此役者。蓋歷次失敗，雖原因不一，而其究竟則爲失敗於敵人。此役則敵人已爲我屈，所代敵人而興者，乃爲十餘年卵翼之陳炯明，且其陰毒凶狠，凡敵人所不忍爲者，皆爲之而無恤，此不但國之不幸，抑亦人心世道之憂也。迹其致此之由，始則慮文北伐若有蹉跎，累及於己，故務立異以求自全。充此一念，遂冒天下之大不韙而不恤，其心雖鷙，其膽則怯。顧革命黨人當以國民之前鋒自任，當其一往直前之際，前敵未可料，後援亦未可必，其所自任者本至險而至難，苟無堅確之操，則中道潰去，或半途離畔，亦事所恆有。數年以來，護法事業，蹉跎未就，與於此役者，苟稍存畏難苟安之意，鮮有不失其所守者；特陳炯明之厚顏反噬，以求自全，爲僅見耳。然疾風然後知勁草，盤根錯節然後辨利器，凡我同志，此時尤當艱貞蒙難，最後之勝利，終歸於最後之努力者，此則文所期望者也。」（玖—五四八）

當湘、豫、滇、桂各軍入粵聲討，陳逆慄慄危懼，乃散佈流言，謂客軍入粵，亡省可虞，以圖苟延殘喘。國父乃通電告以除暴安良，乃軍人天職，迨奸賊殲，自當各就崗位，爲奉公守法之軍隊，願粵省人民，毋爲其詐僞所欺，以人心爲士氣之後盾。民國十二年一月，國父討伐陳炯明，通電曰：

「陳逆炯明叛國之罪，擢髮難數。半載以來，倒行逆施，綱紀蕩然，驕兵悍將，貪官汚吏，以百姓爲魚肉，尤復陰弛賭禁，操縱金融，以致民生憔悴，不可終日，禍粵之罪，更不容誅。近更野心不戢，肆毒鄰省，西則對於駐桂滇軍及桂軍，窮極挑撥離間之技，誘使相攻，以爲得計；東則對於福建居心吞噬，不惜勾引贛兵，以施行夾攻計劃，窮凶極惡，實爲國民所同憤，文自昨年八月離去廣州，卽分命諸路將士，同心討賊。玆據西路討賊諸軍報告：滇軍總司令楊希閔會同桂軍總指揮劉震寰，於昨年十二月二十七日克籐縣，隨於二十八日會同粤軍第三、四師克梧州，整軍東下，直指肇慶；並得沈總司令鴻英協同動作，軍威遠振，賊勢不支。聞報之餘，深爲嘉慰。諸軍將士，奮勇殺賊，爲民除害，凡我粤人，務宜敵愾同仇，以成撥亂反正之功。近聞賊軍布散流言，謂客軍入境，亡省可虞。此等讕言，出於賊軍之口，乃其平日譸張爲幻之慣習，不足置辯。須知此次討賊諸軍，深明大義，恪從命令，爲國家除叛逆，爲廣東去凶殘，純以人道國法爲依歸，絕無部落拘墟之見。討賊功成，諸軍各有任務，或盡瘁國防，或服務鄉土，奉公守法，惟日且不暇給，豈屑如陳逆等之惟知盤踞地方，以土豪自命乎？我廣東全省人民既備受陳逆之毒害，必深知陳逆之詐僞，際此義師奮發，叛徒喪膽，當急起直前，以人心爲士氣之後盾，俾膚功早奏，四境乂安，有厚望焉。」

（玖—五八七）

第二目　公理自在人間

陳逆為　國父一手提攜之人，乃竟梟獍之不若，滅絕倫常，背棄道義，為　國父所深惡痛者。然公理自在人間，故各路軍紛紛進討也。

若陳逆之忘恩負義，終必受誅，此天理之所當然。否則將何以昭法紀而正人倫。故以前助其張目者，今亦翻然省悟，反顏相向，於此亦可見公理之尚未盡隳耳。民國十一年十月，　國父致鄭占南函曰：

「楊君仙逸持到手書，並經晤悉，藉諗僑胞義憤，一致討賊，毋任感慰。炯明藉吾黨提攜，得弋微名，遂得羅致鷹犬，伺機反噬，此固文用之未當。然以廿年服事之人，一旦變為梟獍，亦殊出常理之外。非誅此獠，誠不足以昭法紀，而正人倫。今賊暫據廣東，即以全省利權抵押借款，業為全粵人民所唾棄。即前日之助其張目者，今亦反顏相向。足見公理尚未盡隳。現我軍已克福州，根基既得，進討不難。切望兄等竭力籌募義捐，俾充軍餉，則士飽馬騰，盪平可指日計也。」（玖—五六一）

公理之未泯既如上述，故凡事皆須依公理而行，合乎公理，其事必成，背乎公理，其事必敗。是以我有公理，無論何事，可以放膽做去，彼雖強暴，我亦不稍存畏懼之心，悲觀之念，發憤圖強，必使其成功而後已。此即孟子所謂「自反而縮，雖千萬人，吾往矣。」　國父以此勉國人，則中國庶有冀望矣。民元雙十節在上海寰球中國學生會講詞曰：

「吾國向來閉塞門戶，不與外人往來。曁後中外通商，愚民又行排外主義。繼見彼海陸軍之優，器械之精，又轉而生畏懼心。夫排外與畏懼，兩者皆非。要知凡事須論公理，放膽而自行其是，不必更有一毫畏懼心。前年英脫開釁，英有精兵四十萬，甲於環球，而脫之全國人數，亦不過四十萬，且軍士皆以農夫充之。就强弱言，英國何難一舉而滅脫，所以不能卽勝者，因脫人有合力堅忍無畏之心，而能持公理敵强權也。嗣後各大國漸知强權不及公理，遂不敢欺侮小國，故地球上各小邦，尙能久立而不亡。中國數千年來本一强大之國，惟守舊不變，故不及歐美各國之强盛。滿人入關後，愈形衰弱，漸漸召列强之侮。近數年間，留學外洋者日多，初見彼國種種景物，頓生樂觀之念，繼見彼國種種較吾國爲强，乃生悲觀之念，甚至灰心廢學，以求一死者有之。處現今競爭時代，不當有悲觀之念，務須堅忍冒險，發憤求進，士農工商，見吾儕能忍苦至此，亦必憤志圖强，如是，則中國前途，大有冀望。**故畏懼兩字，自今日起，須消滅無有。**從玆專心一致，合力以助新造之民國。今年今日，爲去年今日舉行紀念（按本次演講日期係民國元年雙十節），願明年今日，全球各國爲吾中國舉行紀念。」（捌—四七）

第四節　恩怨

第一目 不可以怨報德

第一次世界大戰時，段祺瑞主持北方內閣，爲鞏固一己之地位，不顧道義，竟徇協約國之要求，毅然對德宣戰。 國父以爲吾國軍隊、教育、學術諸端，隨在皆得德國之助。今因其失勢而落井下石，以中國之傳統道德，決不可有此忘恩負義之行爲。蓋受人之恩而不知感激圖報，其將何以復望人之相助耶？更將何以發號施令，望人民赴國家之急，報國家之恩耶？孔子謂：「君子之德風，小人之德草，草上之風必偃。」故在上者之舉措，如背棄道義，因而上行下效，國將不成其爲國矣，此 國父之所以力持反對也。民國六年論中國存亡問題文曰：

「夫中國之力，不能抗協約國，此無可如何者也。而中國之力，不能爲協約國用，則不可隱者也。中國財力不若人，海陸軍力不若人，人材智計不若人，平素對於德國，惟事聯絡，以得其歡心。論吾國軍隊、教育、學術，隨在皆依德國之助；一旦失勢，則爲落井下石之謀，非特不知是非，乃至不知利害，不知恩怨。夫背友而希利者，就令得其所欲，其所益於物質者，決不足以償其精神上之喪失。爲一國之政府，而以趨利忘恩號召國中，人旣知我爲惟利是視之國矣！可以利動者必可以不利刼之，**不知報恩者人將莫施之以恩**。今後有外侮來，吾知其必烈於昔日，而莫爲中國助矣！抑又何以令夫民？中國民德，縱曰偷壞，負恩趨利之輩，尙爲鄉曲之所羞稱；以齊民之所不屑爲者，政府靦然爲之，是則民之視政府爲無足重輕，不關痛癢者，正義之當然耳。政府尙有何顏發號施令，以獎人赴國家之急，報國家之恩？愛山水者不愛糞壤濁流，嗜酒者不嗜敗醪，好飾者不衣汚染之服。故樂從政治之事爲國家盡力者，望見此背恩趨利之行爲，皆避而去之；其能同此背恩趨利之汚者，將又以此背恩趨利之術，危其國家。」（柒—八五）

第五節　國家不可養兵太多

第一目　化兵爲工

辛亥革命以後，軍閥迭起，憑其武力以割據地盤，魚肉人民，甚且互相攻奪，擴張勢力，遂其稱霸之野心。國父推源禍始，由於養兵太多。故於民國十一年六月六日發表工兵計畫宣言，主張實行兵工制。祗以陳炯明發動粵變，雖有此完善之計畫，致未能實現耳。工兵計畫宣言如下：

「溯自民國六年武人稱兵，國會被非法解散，構成大亂。本大總統受國民付託之重，統率海陸軍將士以護法戡亂，……遂有七、八年正式國會及憲法會議之集會，十年正式政府之成立。乃跋扈之武人，怙惡不悛，糾衆頑抗，以致干戈相尋，生民塗炭。而倒行逆施者，遂致竊盜名器，不恤賣國以求一逞，坐是分崩離析，以迄於今。……頃聞徐世昌業已潛逃，直軍諸將亦有表示服從國會之事。……故欲使今日以後，國會有自由行使其職權，不再受非法之蹂躪，第一當懲辦禍國罪魁，第二當保障國會安全。……禍首既懲，……軍隊之安置，宜爲要圖。軍興以來，兵額較前增至倍蓰，一旦裁汰，使之驟失所業，亦所未安，宜以次悉改爲工兵，統率編制，一切如舊，收其武器，與以工具。……如此則一轉移間，易戰事爲工事，兵不失業，無鋌而走險之慮；工事日繁，有生產發達之象。然後善收外資，投之實業，以起積年之疲弊，謀社會之繁榮，轉危爲安，悉繫於此。……故直軍諸將爲表示誠意，服從護法起見，應首先將所部半數，由政府改爲工兵，以作停戰條件。其餘半數，留待與全國軍隊同時以次改編。直軍諸將如能履行此項條件，本大總統當立飭全國罷兵，恢復和平，共謀建設。若進退失據，惟知假藉名義，以塗飾耳目，則豈惟無悔禍之誠，且益長譸張爲幻之習。本大總統深念民國以前禍亂之由，在於姑息養姦，決爲國民一掃兇殘，務使護法戡亂之主張完全貫徹，責任始盡，惟我公忠體國之人民，深喻斯旨。爲此布告，咸使聞知。」（肆—二九）

第二目 裁兵應由民衆促成

國父復全國商會聯合會主張裁兵書，告以應由全國人民，促使當局履行裁兵，如仍漠視輿論，則全國民衆，繼之以決心與毅力，必欲其降心相從，達成願望。蓋自來無不勞而獲之民權，亦無垂手可成之功業，務必淬厲奮發，以觀厥成。此 國父望之殷，遂不覺其言之切也。

「文於昨年六月六日發表宣言，於化兵爲工及制置國防軍諸計劃，已有具體方案。方期運用職權，貫徹主張，以不負國民付託之重；猝遭粵變，事與願違，然耿耿此志，始終不渝。自維平生建國懷抱，格不得行，十常八九，探其原因，雖似由敵黨之頑抗，而實由民衆之寡和，有以使然。國利民福之事，國民不自急起直追，又不予先驅者以援助，則先驅者以勢孤而致蹶，後起者以覆轍而寒心，坐令奸宄橫行，仇讎快意，而躬被其禍者，仍爲國民，言念及此，可爲痛心。今者，全國商會聯合會既以裁兵主張昭示天下，又得諸先生之大聲疾呼，國民自動之精神，渙汗大號，足使孤行獨往之士，聞之勇氣百倍，感甚佩甚。顧猶有不能已於言者，國民之表示主張，自以勸告當局爲第一步，然而與虎謀皮，久垂明戒；故第二步之辦法，不可不爲積極之準備，以免徒蹈空言。當局漠視輿論，摧殘民意久矣，非示以實行之決心與毅力，必不能使之降心以相從。歷史以來，無不勞而獲之民權，無垂手可成之功業，

願諸先生勉之，並願全國商會聯合會共勉之也。」（玖—六三七）

第五章　社會優良風尚之倡導與維繫

第一節　義利之辨

第一目　重義輕利之重要

國父以大總統讓與袁世凱，一方面固爲南北統一，免生靈之塗炭。另一方面亦冀袁好自爲之，開中華民主共和之新局，爲國家民族建一不朽之基礎。乃袁利令智昏，言不顧行。故　國父去電規勸之，責以大義，示以良策，欲其明辨義利，潔身引退，以息當時之戰禍，以全後世之令名，此不僅爲民國計，亦以爲袁氏計耳。　國父之愛人以德，於此可以見矣。乃袁氏非但不予採納，反而變本加厲，我行我素，宜其不旋踵而帝制失敗，憂憤以卒也。勸袁辭職電，文曰：

「北京袁大總統鑒：文於去年北上，與公握手言歡，聞公諄諄以國家與人民爲念，以一日在職爲苦。文謂國民屬望於公，不僅在臨時政府而已，十年以內大總統非公莫屬，此語非弟對公言之，且對國民言之。自是以來，雖激昂之士，於公時有責言，文之初衷，未嘗少易。何圖宋案發生，證據宣佈，愕然出諸意外，不料公言與行違至於如此。旣憤且懣。而公更違法借款，以作戰費，無故調兵，以速戰禍，異己旣去，兵釁仍挑，以致東南軍民，荷戈而起，衆口一辭，集於公之一身。意公此時必以平亂爲言。姑無論東南軍民未叛國家，未擾秩序，不得云亂。卽使云亂，而釀亂者誰？公於天下後世亦無以自解。公之左右，陷公於不義，致有今日，此時必且勸公乘此一逞，樹威雪忿。此但自爲計，不爲民國計，亦未爲公計也。清帝辭位，公與其謀，清帝不忍人民塗炭，公寧忍之？公果欲一戰事成，宜用於效忠清帝之時，不宜用於此時也。說者謂公雖欲引退，而部下牽掣，終不能決。然人各有所難，文當日辭職，推舉公於國民，固有人責言，謂文知徇北京之意，而不知顧十七省人民之付託。文於彼時屹不爲動。人之進退，綽有餘裕，若謂爲人牽掣，不能自由，苟非託辭，卽爲自表無能，公必不爾也。爲公僕者受國民反對，猶當引退，況於國民以死相拚。殺一不辜，以得天下，猶不可爲，況流天下之血，以從一己之欲。公今日捨辭職外，決無他策。昔日爲任天下之重而來，今日爲息天下之禍而去，出處光明，公復何憾。公能行此，文必力勸東南軍民，易惡感爲善意，不使公懷騎虎之慮。若公必欲殘民以逞，善言不入，文不忍東南人民久困兵革，必以前此反對君主專制之決心，反對公之一人。義無反顧，謹爲最後之忠告，惟裁鑒之。孫文（七月廿二日）」（玖—一一九二）

段祺瑞平張勳復辟之役，復爲國務總理。　國父致書段氏，勸其以大義自持，規復約法，俾重國會，勿貪一時權位之小利，而墜事功於百世之後。蓋其時段已有異志，故 國父民國五年六月二十三日致段祺瑞書曰：

「民國初元曾親教誨，偉人丰采，至今不忘。蓋當南北議和之際，惟執事爲軍人領袖，贊成共和，大局安定。洎帝制發生，尤能以大義自持，冒險犯難，終始不變，求之當世，誠拔萃而寡儔。而今日天下洶洶，扶危定傾，又惟執事之是賴，此文所以傾服不置也。承黎大總統電教，囑遣代表晉京，謹滕以書，介謁左右。文以爲一國於更始維新之時，必有豪傑大賢，規畫宏謨，提挈綱領，建設文武，垂範將來，而其人之勳名，亦遂與國家同不朽。夫事功在百世，而權位不過一時，經武圖强，申儆軍人，而敎之以捍侮干城之事，其責非異人任。至於目前，規復約法，尊重國會，爲共和根本大計，而內外人視瞻所存，文已再三爲黎大總統言之。願執事翊贊當機，不爲莠言所惑，重陷天下於紛糾，亦文之望也。」（玖—一一六八）

第二目 毋爲利動

自袁氏斃後，國會恢復，議員集中上海，將赴北平開會。 國父乃於五年七月中旬，兩次約集議員，演講地方自治及直接民權之要旨，蓋其意鑒於五年來建國之重任，付託不得其人，幾致共和中斷，故欲先知先覺之議員，負啓廸之責，實行民權制度，鞏固下層基礎，使國本自立，而百事可爲。時黎元洪依法繼任總統，恢復約法，共和再造，國父乃相勸罷兵，以示仗義者非爲權利而動，其用心亦良苦矣。民國五年，復郭標書曰：

「吾黨自癸丑以後，無日不以討賊爲幟，曲突徙薪，實爲天下之先導。雖天戮袁逆，不假手於吾人，然專制推翻，共和再造，我黨原來希望，亦思過半矣。約法旣復，黎總統爲依法繼任之人，故相勸罷兵，示仗義者非爲權利而動。至今後對於政府，國民監督指導，則其責任有不容諉避者。通告謂：「革命名義不復存」，亦卽此意。弟在滬屢開大會演說，專論民國制治之大端，而不爲一人一事以立言，蓋基礎鞏固，則百事皆其後也。」（玖—二七一）

迨徐世昌於民國七年九月，以北平安福系國會議員，選擧爲非法總統，行使職權，向外借款。國父以其如此行動，實屬違背約法，力主羣起聲討，百折不回，以貫徹正義。是年十一月復唐繼堯函曰：

「時事愈益艱難。惟我主持正義者百折不回，終當貫達。北方自宣布依舊法改選後，新議員羣起反噬，徐氏根本動搖。近復以徐樹錚潛遁出京，北廷更形惶遽。以我之正，當彼之亂，尚覺優勢在我，偉見當以爲然。」（玖—五一七）

第二節　公私之分

第一目　大公無私

國父讓袁世凱為大總統，同志中固多責難者，而海外僑胞，尤為不滿。國父乃遺書以解其誤會，謂：「滿清仆而民國立，我輩之目的已達，義務已盡，至權利則享自由人權而已。今袁君既以共和為當，且布告天下萬世，不使君主政體，再發生於民國，則其心迹已顯，宜觀其從容敷施，願同志共鑒微忱。」國父之忠誠為國，功成身退之大度襟懷，誠令人崇敬無已也。民國元年復華僑解釋推舉袁世凱為大總統電曰：

「旅居五洲同志、華僑諸君公鑒：因推舉袁君為第二臨時總統，紛接來電相爭，其詞多屬誤會，恕不能縷縷見復，謹括舉其要以相答曰：諸君盡其心力，與內地同志左右挈提，仆滿清而建民國，今目的已達，以此完全民國歸諸全體四百兆人之手，我輩之義務告盡，而權利則享自由人權而已，其他非所問也。至於服務之行政團若總統類者，皆我自由國民所舉用之公僕，當其才者則選焉。袁君之性情，不苟於然諾，當其未以廢君為可也，則持之，及其既以共和為當也，則堅之，其諾甚濡，其言彌堅，彼之布告天下萬世，有云不使君主政體再發生於民國，大哉言矣！復何瑕疵？至彼之委曲求全，予亡清以優待，亦隱消同氣之戰爭，功罪勿居，心迹自顯，前日之袁君為世界之一人，今日之袁君為民國之分子，量才而選，彼獨賢勞，正我國民所當慰勉道歉，責之以盡瘁，愛之以熱忱者也。總統既非酬庸之具，袁君卽爲任勞之人，宜觀其從容敷施，以行國民之意，使民國之根基，由臨時盡力維持而完固焉。我同志其鑒文之微忱。」（玖—一四三）

民國六年九月，國父於廣州成立軍政府，而北平馮段所組成之僞政權，深恐軍政府出師北伐，乃煽動粵桂兩省發生內訌，以阻撓軍政府之行動。國父爲顧全大局，惟望桂系陸榮廷承認軍政府，與粵省步調一致，卽退讓職位，亦無不可。其所以如此者，亦無不爲國家計也。民國六年十一月致章炳麟電曰：

「僞政府利用此間弱點，搗亂粵局，輿桂如起內訌，於援湘卽生障碍，西南全局或致動搖，卽軍府亦難立足，此理至明，人所共見。惟陸、陳始終不悟，近派溥泉使陸，請其承認軍府，文必降心相從，**卽退讓亦無不可**。」（玖—三二八）

第二目　公爾忘私

政黨之於政治，以能使國家進步，國民安樂，乃爲良政治，良政黨。至黨與黨之間，如因政見不同而發生競爭，是爲黨爭，黨爭可有，惟須爲公而不可爲私。如此，方足以鞏固國體，造福民生也。民國二年　國父撰國民月刊出世辭曰：

「政黨之作用，在提携國民以求進步也，甲黨執政，則甲黨以所抱持之策，盡力施行之；而乙黨在野，則立於監督者之地位焉，有不善則糾正之，其善者則更研究至善之政策，以圖進步焉。數年之後，甲黨之政策既已實行，其善不善之效果亦已大著；而乙黨所研究討論之進步政策，皆得大多數國民之贊同也，於是乙黨執政，以施行其政策，而甲黨則退立於監督之地位，輪流互易，國家之進步無窮，國民之幸福亦無窮焉。故政黨之目的，無論何黨，皆必實行政策與研究政策爲其目的。由是觀之，能使國家進步，國民安樂者，乃爲良政治；能有使國家進步，國民安樂之政策者，乃爲良政黨。謀以國家進步國民幸福而生之主張，是謂黨見；因此而生之競爭，是謂黨爭。非然者，爲少數之權利計，爲私人之安樂計，此種主張及手段，皆不以國家爲前提者也。若是之見，是爲私見，若是之爭，是爲私爭。黨爭可有，而私爭不可有；黨見可堅持，而私見不可堅持。吾黨既以鞏固中華民國圖謀民生幸福爲目的，則又當力矯今日私見私爭之弊。此吾所望於吾黨人士者三也。」（拾貳—一二）

國父之於部屬，視同子弟，不藏怒，不宿怨，故於江防會議之變後，猶致書沈鴻英，示以挾私任術，好逞陰謀者，後必失敗，促卽悔改，以贖前愆。並以「不矜細節，終累大德」之古訓曉喻之，望以義始而以義終也。然沈逆終不之悟，故其叛變未旬日，而卽爲聯軍盪平，亦足爲反側者之炯戒也。民國二年復沈鴻英勸悔過自新書曰：

「冠南足下：令親鄭君賫來手書，並備述尊恉，具悉國家之事，須正當辦法，乃能得正當解決，絕非挾私任術，好逞陰謀，與民治之道背馳者所能得勝；中間或能僥倖得一二勝利，結果亦終歸於敗，可以斷言。此古今中外之成事具在，可資考證者也。今足下本西南護法諸將中僇力國事之一人，三、四年來異向殊趨，足下率衆奔突轉戰於粵、桂、贛、湘，其勞已極，然而今日所得不過如此。文以爲足下飽經憂患，閱歷益深，凡人性之眞僞，民意之向背，必灼見無遺，而得一眞正覺悟，不至再爲人所利用，故有聯軍討陳之舉。不幸聯軍甫入廣州，卽有二十六日江防會議之變，此不獨貽笑於人，而足下且不免各方之疑議。足下同日通電辯釋，則足下之懷有隱痛，定可知矣。足下勇毅善戰，文所深知，倘得相維始終，共力國事，誠文之願，亦國之幸也。貴部偶有不謹，未免貽人口實，傳曰：『不矜細行，終累大德』，望足下勤加戒飭，勿使人笑貴軍以義始，以不義終，而文亦得免於自決藩籬，引鬼入室之譏，則豈唯吾兩粵之休，大局前途，實利賴之。來書促文還粵，並言服從文之命令，文日間卽來粵一行，勉副期望。耑復，藉頌籌祺。孫文，二月十二日。」（玖—六〇九）

民國肇造，北方軍閥，先後僭竊名位，穢德彰聞，探索原委，不外乎圖一己之私利，而忘愛國之公理。故　國父以爲欲扶持正誼，鏟除强暴者，必須通力合作，方足以濟事。民國十二年答黎元洪請合力救國書曰：

「宋卿先生執事：曩日奉電，適文督師東江，致稽裁答。復初來粵，藉奉手敎，雅意殷拳，誦之百感。精衞函電，亦屢述盛意，良用欽遲。辛亥之役，公實偉烈，持之不墜，令名將炳於無窮，感念前勞，低回未已。時局日棘，魑魅橫肆，表示所謂非通力合作，不足以扶持正誼，鏟除强權，洵今日之篤論也。追隨之說，豈所克當。我公天職，斯時固未遑暇逸也。海上清豫，能否命駕來游是邦，擁篲清塵，竚聆教益，匪爲私幸，民國實利賴之。延望維勞，至深企禱。手此，卽頌勳祺。不莊具。」（玖—六三六）

第三目　團結禦侮

爭主義不競私利，爲革命者之職志，國父素以此期勉同志。乃外間讕言，間有挑撥離間者，國父無不力爲疏解之。民國十一年十一月爲闢許崇智徐樹錚交惡謠傳復楊大實函曰：「文素以爭主義不競私利爲職志，此次我軍入閩，諸將士幸皆堅守斯旨，未嘗稍逾。汝爲與又錚情感尤洽。又錚聯好吾黨亦既有年。外患方殷，中原未定，詎同袍相迫之時，是愚者所不爲，而謂汝爲，又錚爲之耶？各報所載徐、許不合之說，眞讕言耳，幸轉告雨亭、麟葛兩公，勿以介意。文與芝泉、雨亭共患難之日方長，終不願其部屬友好睚眦相向也。」（玖—五七四）

至同志之間，尤嘉其能互相團結，同心禦侮也。民國八年某月復福建許卓然等嘉慰團結禦侮電：

「安密。轉許卓然、楊持平、張幹之、潘雨峯諸兄鑒：頃接東電，並據民鐘，亞佛面陳近情，知兄等捐除小嫌，同心禦侮，謀同志之團結，策國事之進行，大義昭然，深用嘉慰。其善後事宜，可即與汝爲軍長妥籌進行，庶協力救國，發揚吾黨之光榮，有厚望焉。」（玖—四二五）

故民國十二年春間，報載奉系有復辟傳言，張作霖電請　國父代爲闢謠。　國父許視力之所及，勉爲剖白。而又以至險莫如人心，最要無如國事之意，願與互相共勉。則　國父之深防人心，重視國事，概可見矣。民國十二年四月復張作霖允爲剖白復辟謠諑並冀愛護共和解決大局電曰：

「蒸電闢復辟謠諑，並囑宣布，轉飭各報更正，具見矢忠民國，曷勝欽佩。國建共和，十餘稔矣。中經復辟之變，不旋踵而滅。國體既定，誠有非頑民所能顚覆者。執事之明，豈或屑此。不圖乃有以是爲中傷者，人心之險，良可浩歎。執事通電明志，國人皆將喜聞此祥和之言。文亦將視力所及，勉爲執事剖白之。更冀本愛護共和之初衷，進而爲解決大局之盛舉。文雖不敏，至願與時賢共之也。」（玖—六一七）

第四目　公私分明

國父於宋敎仁同志被刺後，覺袁世凱心懷險詐，不容寬恕，力主聲討，以絕後患。而黃興輩則主緩進，兩人之主張雖不同，而私人交情，並未因此稍有所損也。民國四年五月十五日復伍平一告以討袁局勢函曰：

「平一我兄大鑒：手示誦悉。兄所作聯絡各埠之事，既徵得力，此時不必東行，蓋勤黨事有如炊米爲飯，半熟而捨之，往往前功併廢也。岷埠弟已許立第二支部後，前素無隔閡，但吾人遇彼此之有意見者，仍宜極力疏通排解之。克强等持緩進主義，故猝難一致；**至弟與伊私交，則絲毫無損**。想現在時局，袁氏大失人心，近來交涉經過，人心益爲激昻，甚於清季鐵路問題。若吾人實力稍足，不患不去此民賊也。專復，卽頌旅安。孫文・」（玖—二二一）

第三節　人格之崇高

第一目　國際間重人格

中國人在國際間之地位，早爲他國所藐視，其原因由於不知自愛，注重人格。所以從前國人去美國，不許居住舊金山之大旅館，而上海租界之外國公園，且有狗與中國人不許進入之牌示，其侮辱程度，竟至於此，是可忍，孰不可忍。故　國父以爲欲恢復我國之國際地位，應先講求人格，人格高尙，人自另眼相看，而國際地位亦自提高，此卽以人格救國者也。孟子謂：「人必自侮然後人侮之。」其理卽在於此。民國十二年十月，　國父在廣州全國靑年聯合會演講曰：

「諸君有已經到過美國的，都記得到美國境上岸的時候，無論所坐的船位是那一等，美國人便來盤問：「你是中國人呢？是日本人呢？」如果是日本人，便可自由上岸。如果是中國人，便要入關檢查（按本演講係在民國十二年，所言亦係當時情形），必須麻煩好幾日，始可自由上岸。兄弟有一次到美國，在關內住過了三星期，但我還是很僥倖的。有不幸的，甚至空花旅費光陰和受檢查的種種痛苦，見到美國而不能上岸，由原船返回中國。美國人主張智育、德育、體育，組織青年會來改良個人社會，這是很好的，但是不可專學美國人，只管自己，不管國事。因為他們和我們的地位，有大大的不相同。我們就是出外旅行，如果他們知道是中國人，就是像從前舊金山的大旅館，也不許我們住。上海從前的外國公園，便寫出招牌說：「**狗和中國人不許入**」。像這樣一想，便知道中國人在世界上是甚麼地位。講到中國人口有四萬萬，文明有四千多年的歷史，為甚麼我們的國際地位，一落千丈呢？這就是因為**我們中國人不自振作**，所以墮落。**墮落的原因，就是在不講人格**。我們要恢復國際的地位，須要我們不墮落。要不墮落，便先要講人格。青年會在中國已經成立了二十餘年，會員的人格，固然不能說人人都好，或者有一部分不好，但是全體的人格，是已經養成了。全體的人格既經養成，究竟有甚麼用處呢？來做些甚麼事呢？你們應該做的事，簡單的說，就是你們所主張的「人格救國」。**中國人的人格，墮落已極，像那些官僚、武人，只知道升官發財，自私自利，甚麼國事都不管（按本演講係在民國十二年，所言亦係指當時情形），人格**

是不是墮落呢？我們要救國，必先要除去他們。要除去他們，不是一兩個人可以做得到的，所以我們不可專靠個人去救國，必須要大多數同心協力去做，這就是應該以青年會的團體去救國。講到團體救國，國民黨爲國犧牲身家，是最誠心誠意去救國的。黨中最著名的人物，就是黃花崗七十二烈士。七十二烈士之前，更有陸皓東、史堅如。陸皓東、史堅如是青年會的會員，又兼國民黨的黨員，所以他們是以青年會的人格和國民黨的資格來犧牲。但是青年會的會員，也有走到北京去做官的。他們那些做官的會員，拿陸皓東、史堅如比較起來，人格是不是有天壤之別呢？假如那些做官的會員，走到香港廣東來，安見不能做陸皓東、史堅如呢？所以我們一生做事，萬不可走錯了路。如果不走錯路，便可來救國。甚麼人來救國，都是被人歡迎的。國民黨的分子，雖然很複雜，但是沒有革命以前，各黨員已經知道有抄家滅族的危險，還要加入來救國。故在革命之前，他們的人格，是很被人歡迎的。到了革命之後，各黨員知道沒有抄家滅族的危險，只有升官發財的好處，所以分子越變越複雜。這次國民黨在廣州開大會，當中所討論最重要的問題，就是要想方法來淘汰他們。如果這一層能夠做到，便可以和你們青年會並駕齊驅。」（捌—一七七）

第二目　人格以道德爲依歸

人能注重道德，人格自高。否則無道德而人格卑鄙，當爲人所輕視矣。民國七年，非法總統徐世昌欲召開南北議和會議。國父力主以恢復國會爲先決條件。並告所派代表，希能根據法律行事。並勉以道德立身，如於道德無損，自當樂爲之助云。民國八年八月 國父復湖南林修梅書有曰：

「至所詢對於北方之事，則自上海和議開後，徐段俱曾派人來此接洽，徵文意見。徐所派者爲其弟世章。文對徐不獨要求其根據法律行事，**且勉其以道德立身**，並謂伊如能於道德無礙，予當樂爲之助等語，徐弟去後，猶無下文。段所派者，則爲安福部人。文要求以能完全贊同文學說之主張，乃有相商之餘地。迨學說出版後，王揖唐、徐樹錚、曾毓雋等俱經看過，皆極端贊成，復詳加批註，交段閱看，段亦大體贊成，然後再派人來相商。」（玖——四三〇）

國父於民國十三年底至北平，發表書面談話，其大意謂：「此次北來，不爭權，不爭利，爲救國，爲救民。」 國父人格之崇高，卽以道德爲依歸，誠足爲萬世法也。

「中華民國主人諸君：兄弟此來，承諸君歡迎，實在感謝。**兄弟此來不是爲爭地位，不是爲爭權利，是特來與諸君救國的**。十三年前兄弟與諸君推翻滿洲政府，爲的是求中國人的自由平等。然而中國人的自由平等，已被滿洲政府從不平等條約裏賣與各國了，以致我們仍然處於殖民地之地位，所以我們必須要救國。關於救國的道理很長，方法也很多，成功也很容易，兄弟本想和諸君詳細的說，如今因爲抱病，只好留待病好再說。如今先謝諸君的盛意。中華民國十三年十二月三十一日，孫文。」（拾壹—六五）

第四節　人道之重視

第一目　革除纏足惡習

婦女纏足，摧殘肢體，證諸生理，害及子孫，而行動蹣跚，尤有害於對外發展。國父重視人道，故於民國建立之初，卽令內務部通飭各省，嚴禁纏足，以解千百年流傳之惡習。民國元年三月令飭內務部通飭各省勸禁纏足令曰：

「纏足之俗由來殆不可考，**起於一二好尚之偏**，**終至滔滔莫易之烈**，惡習流傳，歷千百歲，害家凶國，莫此爲甚。夫將欲圖國力之堅强，必先圖國民體力之發達，至纏足一事，殘毀肢體，阻閼血脈，害雖加於一人，病實施於子姓，生理所證，豈得云誣？至因纏足之故，動作蹣躚，深居簡出，教育莫施，世事罔問，遑能獨立謀生，共服世務？以上二者，特其大端，若他弊害，更僕難數。曩者仁者志士，嘗有天足會之設，開通者已見解除，固陋者猶執成見，當此除舊布新之際，此等惡俗，尤宜先事革除，以培國本。爲此令仰該部速行通飭各省，一體勸禁，其有故違禁令者，予其家屬以相當之罰。切切此令。」（拾—四八）

第二目　嚴禁販賣人口

纏足之不人道，既如上述。而販賣人口，尤爲不人道之甚，故 國父明令嚴禁，使人類一律平等。民國元年三月，分令飭內務部及廣東都督通飭所屬禁止買賣人口令曰：「自法蘭西人權宣言書出後，自由、博愛、平等之義，昭若日星。各國法律，凡屬人類，一律平等無有階級。其有他國逃奴入國者，待以平民，不問其屬於何國。中國政治，代主開放，貴族自由民之階級，劃除最早，此歷史之已事，足以誇示萬國者。前淸入主，政治不綱，民生憔悴，逃死無所，妻女鬻爲妾媵，子姓淪於皂隸，不肖奸人從而市利，流毒播孽，由來久矣，尤可痛者，失敎同胞艱於生計，乃有奸徒，誘以甘言，轉販外人，牛馬同視，終年勞動，不得一飽，如斯慘毒，言之痛心！查民國開國之始，凡屬國人咸屬平等，背此大義，與衆共棄，爲此令仰該部遵照，迅卽編定暫行條例，通飭所屬，嗣後不得再有買賣人口情事，違者罰如令。其從前所結買賣契約，悉與解除，視爲雇主雇人之關係，並不得再有主奴名分。此令。」（拾—三三）

「茲據荷屬僑民曹運郎等呈請禁止販賣豬仔各節。查奸徒拐販同胞，陷人溝壑，曩在前清，草菅人命，漠不關心，致使被難人民窮而無告，豈惟有虧國體，亦本總統痛心疾首，殷念不忘，殊慘絕人道，前曾令內務部編定禁賣人口暫行條例，冀使自由、博愛、平等之義，實力推行，惟禁止豬仔出口，尤爲刻不容緩之事，民國既成，豈忍視同胞失所，不爲拯救？除令外交部妥籌辦法外，合亟令行該都督嚴行禁止，務使奸人絕跡，以重人道，而崇國體。此令。」（拾—五二）

第五節　宗教家之道德示範

第一目　宗教補政治之所不及

宗教與政治，有連帶關係，宗教富於道德觀念，故能補政治之所不及。民國元年九月，　國父在北京教會歡迎會演講曰：

「今日蒙各大教會牧師先生及衆教友男女先生開會歡迎，兄弟實不敢當！此次革命功成，兄弟亦滋愧悚。但兄弟數年前，提倡革命，奔走呼號，始終如一，而知革命之眞理者，大半由敎會所得來，今日中華民國成立，非兄弟之力，乃敎會之功。民國告成，自由平等，萬衆一體，信敎自由，亦爲約法所保障。但宗敎與政治，有連帶之關係。國家政治之進行，全國宗敎以補助其所不及。蓋宗敎富於道德故也。兄弟希望大衆以宗敎上之道德，補政治之所不及。則中華民國萬年鞏固，不第兄弟之幸，亦衆敎友之福，四萬萬同胞受賜良多矣。」（捌—三三）

國父望基督敎徒，發揚敎理，以道德示範，共負救國重任，使政治與宗敎相輔相成，以達完美之目的。民國元年五月，在廣州耶敎聯合會歡迎會演講曰：

「我兄弟姊妹，對於敎會則爲信徒；對於國家則爲國民。專制國之政治在於上，共和國之政治在乎民。將來國家政治之得失，前途之安危，結果之良否，皆惟我國民是賴。豈可如前清時代之以奴隸自居，而放棄其根本乎？且前清之對於敎會，不能自由信仰，自立傳敎，祇藉條約之保護而已。今則完全獨立，自由信仰。爲基督徒者，正宜發揚基督之敎理，同負國家之責任，使政治宗敎，同達完美之目的。」（捌—一九）

第二目　青年會應負救國責任

基督敎之青年會，以德、智、體三育服務人羣，其用意與我國孔子「己欲立而立人，己欲達而達人」之學說完全相符。國父念民國建立已十三年矣，而專制餘毒，尙未盡除，官僚作風，依然存在，致人民猶日處於水深火熱之中，故望青年會負起責任，以救同胞。民國十三年，勉基督教青年書曰：

「中國四萬萬衆向成一片散沙者，非其性然也。以亡國二百六十餘年，備受異族專制之毒，集會有厲禁，言論無自由，遂至習非成是，幾將吾人樂羣之性，團結之力，消滅淨盡，此散沙之象所由呈也。第自海禁初開，基督教國以條約要求廢去傳教習教之禁律，於是中國之基督教徒始有集會之自由。清廷以既不能禁教徒之集會，而對於一般人民集會之禁令，亦漸放去，此中國人民之得集會自由，初實多教會之賜也。由是風氣漸開，民智日進，至今竟能恢復中華，創立民國，其影響所至，不爲不大矣。獨惜專制之餘毒，仍未盡除，清朝之官僚，依然作惡，而中國人民猶日在水深火熱之中，是無異昔時之以色列人民，雖得摩西之超度，脫離埃及奴隸之厄，而尚未至加南乳蜜之地，以享幸福之情況也。然教會之入中國，其直接間接之有造於中國人心社會，其結果既如此矣，繼教會而興者，則有青年會。其儀式制度，比教會爲寬，其普及招徠，比教會尤捷。青年會以德育、智育、體育爲職務，吸收青年有志之士以陶冶之，而造成其完全之人格，此本基督救世之苦心，行孔子自立立人，自達達人之美意，如是青年會者，乃以團體而服務於個人者也。是會之設於中國，至今二十有五年，推行幾遍全國，發達之速，收效之大，志願之宏，結合之堅，洵爲中國獨一無二之團體也。今當二十五年慶祝之辰，予欣喜而爲青年會賀，更欲進而爲青年諸君勉焉。諸君皆曾受基督教青年會之德育、智育、體育之陶冶，而成爲完全人格之人也。合此萬千完全人格之青年，爲一共進互助之團體，諸君之責任重矣，而中國基督敎青年會之責任更重矣。夫敎會之入中國，既開闢中國之風氣，啓發人民之感覺，使吾人卒能脫異族專制之羈厄，如摩西之解放以色列人於埃及者然。以色列人出埃及而後，猶流離困苦於荒凉沙漠間四十年，而必待約西亞以領之，而至加南之地。今中國人民既由散沙而漸結團體，卒得脫離清朝之專制矣。惟脫離專制之後，反陷於官僚武人腐敗橫暴政治之下，如水益深，如火益熱，困苦比前尤甚，其望約西亞之救也誠切矣。然統觀中國今日社會之團體，其結合之堅，遍布之廣，發達之速，志願之宏，孰有過於中國基督敎青年會者乎？是欲求一團體而當約西亞之任，以領帶中國人民至加南乳蜜之地者，舍中國基督敎青年會其誰乎？予既有望於青年會之深，而不禁勉青年諸君之切也。諸君既置身於此高尙堅强宏大之團體，而適中國此時有倒懸待救之人民，豈不當發其宏願，以此青年之團體而擔負約西亞之責任，以救此四萬萬人民出水火之中而登之衽席之上乎？中國基督敎青年其勉旃，毋負國人之望，孫文。」（玖—六五六）

並望青年會會員，從改善國人人格着手，以盡救國責任。民國十二年在廣州全國青年聯合會演講曰：

「青年會的宗旨，注意體育、智育、德育三項，改良人類來救國，是全國所歡迎的。國家是人類湊合而成，人人都有機會，可以造成一個好國家。**我們要造成一個好國家，便先要人人**

有好人格。中國的團體中有好人格的，就是青年會。所以青年會是造成好國家的好團體。青年會的會員，已經有了七八萬人，這七八萬人中不能說個個程度都齊，但我相信總有幾千人是有好人格的。因爲這幾千人才的提倡，所以令青年會成了一個有人格的團體，所以令全國有志的青年，多喜入會，造成好人格。我們要問政治的人，想中國改良成一個好國家，便是想得有一個機會，令四萬萬人都變成好人格。這個方法是在甚麼地方呢？要正本清源，自根本上做工夫，便是在**改良人格來救國**。這便是以國家全體變成青年會，然後多數國民的人格才能够養成，然後四萬萬人才都有人格。外國人到中國來，從前還沒有想到這着，諸君已經想到這着，**所以改良人格來救國這一說，當是中國的出產物**。」（捌—一七六）

第六節　學者之責任

第一目　以行動轉移風氣

一切事物，重在實行，實行以後，方能知其得失利弊，而有所改善，此進步之所由生也。從前中國學者，對於文學、哲理以及道德等，都能躬行實踐，所以迭有進步。故中國自昔以士爲四民之首，屬於先知先覺者，其行動爲人所景仰，足以轉移社會風氣，如伯夷之使頑廉懦立，柳下惠之使薄敦鄙寬，卽其例也。而今之學者，亦應對社會國家負起此種責任。民國十年十二月，國父在桂林學界歡迎會演講曰：

「古人進步最大的理由，是在能實行；能實行便能知，到了能知，便能進步。從前中國人因爲能實行，所以進化的文學、哲理、道德等學，不但是現在中國人不知道，就是外國人也有不知道的。當中外沒有交通以前，外國人看不起中國人，以爲中國人是與非洲、南洋等處的土人一樣，沒有一點兒文化；但是現在都漸漸明白了，很多佩服中國的，也有要去研究中國文化的。並且知道中國的文化，有許多地方，現在外國還有不如的。外國的文化，是自羅馬發源的，後來羅馬被歐洲野蠻人征服了，因之他們以後的文化，便沒有進步。到了元朝，有一個外國人，叫做馬哥波羅，來做了中國底官；後來把中國的文化，著了一本書，告訴他們外國人，說中國底文化好底了不得。別的不講，單就燒火而論，中國人燒火不用柴，不用油，祗用一種黑石頭；外國人便不相信，便很以爲奇怪。那種黑石頭就是「煤」，在近來外國工業極發達的國家，是最少不得的東西。他們當元朝的時候，說到中國燒黑石頭，便很以爲奇怪，可見那個時候以前，他們還不知道煤。我們元朝底時候，便早燒了煤，可見中國的工業，那個時候便已不壞。從前中國人到外國留過學的，回到國內說，外國人可以在數百里或數千里以外通消息，中國人也不相信，也很以爲奇怪。這種通消息底東西，就是「電話、電報」，現在中國無論那一個大城市，都也有了。照這樣說來，有時候中國不信外國，外國不信中國，這是因爲各有各的文明。諸君聽到這裏，知道中國現在底文明，一則不如外國，二則不如古人。中國古時的文明，進步很快。那種進步爲甚麼能够快呢？這就是我們學者應該要留心的。從前中國人說：「士爲四民之首」。可見學者的力量，在社會上是很大的。詳細底說，學者先覺先知，一舉一動，都是能够轉移社會上的風氣。社會對於學者也是極尊敬的，如是學者有了主張，社會都是要服從。所以學者對於社會，對於國家，負擔有一種責任；現在學者的責任，是在要中國進步。」（捌—一二一）

所以現代潮流，發生一種新道德，卽有聰明能力之學者，應爲無聰明能力之人服務，以盡先知覺後知，先覺覺後覺之責任。黃花崗七十二烈士之舍生取義，殺身成仁，因以激發武昌起義，各省響應，不數月而革命告成，其故卽基於此。故　國父望學者能實行此一新道德也。民國十三年黃花崗紀念在嶺南大學講「世界道德之新潮流」有曰：

「七十二烈士在辛亥年三月二十九日，想喚醒國民，爲國服務，雖然是死了，但是由於他們死了之後，不到五個月，便發動武昌起義，推倒滿清，打破專制，解除四萬萬人的奴隸地位。這就是七十二烈士以死喚醒國民，爲國服務的志氣，達到了目的。我們今天來紀念他們，便應該學他們的志氣，更加擴充，爲國家，爲人民，爲社會，爲世界來服務。諸君是學者，是有知識階級，知道人類的道德觀念，現在進步到了甚麼程度？古時極有聰明能力的人，多是用他的聰明能力，去欺負無聰明能力的人，所以由此便造成專制和各種不平等的階級。現在文明進化的人類，覺悟起來，發生一種新道德。這種新道德，就是有聰明能力的人，應該要替衆人來服務。這種替衆人來服務的新道德，就是世界上道德的新潮流。七十二烈士有許多是有本領學問的人，他們捨身救國，視死如歸，爲人類服務的那種道德觀念，就是感受了這種新道德的潮流。諸君今晚來紀念七十二烈士，要知道不是空空的來紀念，要學他們的志氣，尤其要學他們的道德觀念。」（捌—二五〇）

國父謂：「軍人之精神，爲智、仁、勇三者，而智之應付事物，根本上又須合乎道義，並非以爾詐我虞爲智也。」其意卽孟子所謂：「所惡於智者，爲其鑿也。如智者若禹之行水也，則無惡於智矣。」民國十一年十二月，在桂林演講軍人精神教育曰：

「軍人之精神，爲智、仁、勇三者，今先言智，智之云者，有聰明、有見識之謂，是卽爲智之定義。凡遇一事，以我之聰明，我之見識，能明白了解，卽時有應付方法，而根本上又須合乎道義，非以爾詐我虞爲智也。智之範圍甚廣，宇宙之範圍，皆爲智之範圍。故能知過去未來者，亦謂之智。吾人之在世界，其智識要隨事物之增加，而同時進步，否則漸卽於老朽頹唐，靈明日錮。是以智之反面，卽爲蠢爲愚。」（捌—一三三）

第二目　以國事民生爲念

國父於民國七年五月辭軍政府職，離粵赴滬，於主持黨務，從事著述外，對國事仍極關心。故復吳景濂書，曾云：「身雖辭職，猶不敢不盡匹夫之責。」其自任於天下之重如此。民國七年十月，復吳景濂書曰：

「蓮伯先生閣下：接奉來函，承以文當選政務總裁，敦促就職，過蒙獎譽，愧何克當。改組軍府，別開生面，人心既振，運用卽靈。凡此情形，已成過去。望期者正式會議開，卽可依法組織政府，存亡繼絕，匪異人任。先生前見，早經及此，豈非以我國民之屬望者，固在此耶？至於文者，**身雖辭職，猶不敢不盡匹夫之責**，庶幾來教所謂一致行動者非歟？顧己所不欲，勿施於人，前者深感孤立無援之苦，今玆雖不欲再居天下之先，亦當請從諸君之後，聊盡援助。當選證書，謹以收受。一切囑居、焦兩君面達，頑軀患目初愈，他尚安適，承注並聞。」（玖——三八〇）

並於復唐繼堯函中，亦有「雖養痾海上，於國民天責，未敢云忘，苟利於國，不敢不勉。」等語。雖在病中，猶以國事爲重也。民國七年十月，復唐書曰：

「蓂賡先生執事：前鄧君和卿來粵，藉奉惠書，具感殷懃之誼，並聞董統領鷹揚指揮若定，矢誠護法，義不反顧，我公忠勇果毅，佩仰益深。方今國內大患，在乎是非混淆，此理不彰，以故護法之役將逮一載，而大意所在，猶未能曉喻於人人；非法政府乘之，遂得藉手外援，肆其負嵎，貸金購械，以與義師相抗，甚可痛也。執事領袖天南，民國柱石，尚望勉任艱鉅，克竣閎業，盪滌瑕穢，一匡大難，以副海內喁喁之望，豈勝幸甚。文以衰邁，前此勉竭駑鈍，深愧無裨時艱，**雖養痾海上，於國民天責，未敢云忘，苟利於國，不敢不勉。**」

（玖—三八一）

民國九年，國父回粵，重組軍政府。復譚延闓書中有「官僚之下無民生，强權之下無幸福」之語，望與譚氏共履艱危，出民水火。蓋其時官僚用虐政以臨民，軍閥恃强權以欺民，民不聊生，概可想見。故又曰：「興亡之責，匪異人任，志在衞國，勞怨不辭。」仁者之言，無不爲國爲民計也。十一月致譚延闓書曰：

「接讀來電，義正辭嚴。岑、陸之所謂取消自主，祇自暴其款敵潛逃之醜，曾不能蔽賢哲之聰明，於玆益信。惟西南一面拒抗北方之强權，一面須謀實在之建設，雖地方事務不妨各自爲政，而國家大計，仍有共同職責，**官僚之下無民生，强權之下無幸福**，非共履艱危，無以出斯民於水火。現已定赴粵，重組軍府，共策進行，爐火之上，非所敢居，**興亡之責，匪異人任**。執事支持危局，始終不渝，蓋志在衞國，勞怨有所不辭，區區之忱，亦正如此。加之中國局面，就現狀以謀解決，祇益糾紛；必有進一步之主張，始能得實在之平和。」（玖—五一九）

國父關懷國事，如此之殷。故如伍廷芳前輩之守正不阿，爲國盡瘁，深致欽慕之忱。於墓表中譽其「以身許國，精明專一，視形骸如逆旅，處險難而泰然。」卽此數語，已可知其能盡學者之責任矣。國父於民國六年後，頻與共患難，知之既深，信之彌篤。迨陳烱明叛變，護法事業，功敗垂成，伍氏竟痛憤而卒。民國十四年 國父撰伍廷芳墓表曰：

「……彌留時，猶諄諄授公子朝樞以護法本末，昭示國人，無一語及家事。蓋其以身許國，數十年如一日，故易簀之際。精明專一，有如此也。**公生平好學，政事之暇，手不釋卷**，其始研究衞生之學，蔬食，絕烟酒，自謂壽可至二百餘歲；**繼治靈魂學，視形骸如逆旅，以爲留此將以有爲耳**，故能於危疑震撼之際泰然不易其所守。自以與於締造民國之役，不忍見爲武人政客敗壞，故以耄耋之年，當國事、犯危難無所恤，卒以身殉。悲夫！其對於社會，如提倡國貨，倡剪髮不易服之議，以塞漏卮，皆有遠識，能造福於國人。」（拾貳—一三二）

第三目　勉同志努力爲國

民國七年，國父辭軍政府職，爲維持個人人格，保存國家正氣。且鑒於黨內同志，見道不眞，故雖銳於進取，而無篤守主張之勇氣以繼之，每至中途，徬徨而失其所守。因著「孫文學說」一書，袪其謬誤，堅其信仰，使同志加以研究，知所奮勉，以從事於革命事業。民國八年復陝西于右任書曰：

「文前以南中軍閥暴跡既彰，爲維持個人人格計，爲保存國家正氣計，故決然與若輩脫離。且默察年來國內擅變之跡，知武人官僚斷不可與爲治，欲謀根本救國，仍非集吾黨純潔堅貞之士，共任艱鉅，徹底澄清不爲功。又以吾黨同志，向多見道不眞，故雖銳於進取，而無篤守主張之勇氣繼之，每至中途而徬徨，因之失其所守，故文近著學說一卷，除袪其謬誤，以立其信仰之基。玆已出版，道遠未能多寄，特郵奉五册，如能就近翻印，廣爲流傳，於前途思想，必多增進，亦足助兄提倡民治之進行也。**文此後對於國事，仍當勉力負荷，以竟吾黨未完之責**，願兄亦以此自勵。比者世界潮流所趨，民治主義，日增而月長，但能篤守主義，持以無倦，前途成功，可預期也。」（玖—四三二）

對於純潔堅貞之同志，尤寄望其以百折不撓之精神，從根本上肅清國難，造成眞正共和，挽救危急存亡之國運。至志同道合者，更宜互相團結，以增强實力而確樹偉業。民國八年六月復湖南廖湘芸勗團結同志以樹偉業函曰：

「頃盛君來滬，詳述近狀，並誦惠書，知救國熱忱，堅持不懈，深爲欣慰。湘中自前歲舉義以來，其擁有重兵者多徘徊觀望，日就萎靡。惟兄以孤軍奮起，辛苦支持，至今日而蔚成勁旅，具此不折不撓之精神，當玆危急存亡之國運，所希望於兄者，至遠且大，望益加訓練淬厲，以爲國用，實所深盼。**蓋近時號稱護法諸軍，其名稱雖極正大，實則皆爲權利之争，**

故救國責任，仍不能不望之吾黨純潔堅貞之同志勉力負荷，以造成眞正之共和，從根本上肅清國難。湘西各軍其有志同道合者，尤宜互相團結，以增實力，庶幾待時而動，以樹偉業，以慰相望之懷。一切詳情已囑盛君面達，尙希接洽爲荷。軍事賢勞，惟爲國自重，並頌毅祉，孫文」（玖—四二三）

如許卓然、楊持平、張貞諸同志，函陳棄嫌言好，協力救國，　國父深爲欣慰。並勗其羣策羣力，以盡天職。民國八年勗許卓然楊持平張貞等協力救國函曰：

「日前亞佛、民鐘兩君來滬，備述閩中各軍經過情形，及兄等以同志大義所在，除去私嫌，團結進行，協力救國各近情，聞之深爲欣慰。方今國事艱危，羣姦當道，**吾諸同志任重致遠，責任至鉅**，若不羣策羣力，何以肅清大難？兄等既明乎斯義，棄嫌言好，則衆志成城，前途事業，希望何窮。至汝爲軍長素懷坦白，對同志尤推誠相接，當能共策進行。競存總司令轉戰八閩，勞苦功高，對閩中同志，亦復極願携手。前以道途阻隔，輾轉傳聞，不免有所誤會。今即隔閡悉去，當無復有絲毫芥蒂，望兄等此後一切商榷進行，協同救國，**庶以盡吾黨之天職**，而造成眞正共和，幸努力不懈，實所深望。」（玖—四二六）

其他同志，　國父亦無不勉其各爲革命盡職責，以救國救民，故一則曰：「國難未已，何能引退。」再則曰：「寰宇未寧，責任未盡。」屬望之殷，言出肺腑。民國十二年復張開儒勉勿引退並告艱難情況』函曰：

「國難未已，兄何能退，容當仍共天下是也。」（玖—六〇八）

勸徐鏡清勿高蹈鳴潔函曰：

「瑞霖吾兄惠鑒：一月十三日惠牋及敬告全閩父老昆弟書，均奉悉。兄此次服務桑梓，外攘強寇，內戢同袍，想已心力交瘁，偶萌退念，亦屬恆情。惟起視寰宇未寧、即吾人之責任未盡，文老矣，尚未敢自逸，兄何忍遽言高蹈？現值粵軍返粵，閩局愈危，尤望大力勉爲撐持。若夫肥遯以鳴潔，是特硜硜小丈夫之行，非文所望於吾黨志士也。特復，並頌痊安。孫文」（玖—六〇四）

民國八年八月函勉劉湘，聯合俊彥，協謀匡救，共赴國難，文曰：

「年來國事顚躓，生民重困，欲期根本救治，非國中諸將帥之明於大義者羣抱覺悟，共起扶持不爲功。兄總制師干，擁節西陲，屹爲長城，而愛國之誠，尤超越儕輩，當玆國難紛紜之際，正賢者枕戈努力之時，尚冀聯合俊彥，協謀匡救，持之以果敢，矢之以堅貞，則志誠所至，金石爲開，異日奠眞正之共和，拯斯民於水火，所屬望於兄者正甚遠且大也。邇者世界潮流，羣趨嚮於民治，今日時事維艱，然最後之成敗，自以民意之向背爲斷。吾人苟能務其遠大，懸的以趨，黽勉不懈，總不患無水到渠成之日耳。」（玖—四二七）

第四目　以正克邪

陳炯明犯上作亂，敗壞紀綱，罪大惡極，無以復加。然人心不死，公理自在，各路進軍，一致聲討，不半載而陳敗逃，足見正義自能克邪也。民國十一年勗林義順領導僑商參加救國函曰：

「承囑以早飭紀綱，速圖富强，救時讜論，敢不拜嘉。文常憤祖國陵夷，主張革命，每見海外僑胞橫遭凌虐，愈奮發不能自已。不幸屢逢阨阻，所志百未償一。自陳炯明叛亂，國家之大法大紀，幾爲所破壞無餘，禍亂已極，更何富强可言。所幸人類正義觀念，猶未盡爲妖氛所蔽，數月以來，是非已大白於天下。而吾黨主義，以愈磨厲而愈光，國人傾向之誠，較前尤甚，此誠否泰剝復之機，**深望吾黨有志之士，各盡所能以赴之。范紘高以牛販救鄭，千**古稱頌；兄今領袖商界，所處殆猶過之，幸勉勵前修，勿令古賢專美於前也。」（玖—五七四）

民國十二年八月，直系軍閥，賄選僭竊。 國父爲維護約法，聲罪致討。時逆賊嗾使鷹犬，進犯閩省，因函姜明經，促其共抗直軍，以保國脈而懲奸兇。文曰：

「同志自閩中來者，往往稱道執事志行，文屢爲神往。天下洶洶，良將無多，倘得如執事者數人，日與共帷幄，寧非大快？今國人無不疾惡軍閥，直系橫恣無道，妄思宰割天下，尤爲國人所痛心疾首，欲與偕亡。彼昏不知，竟欲以武力勝公理，樹敵全國，焉有倖理？文不忍數十年艱難締造之民國，敗壞於若輩之手，竊不自揣，**願爲國人誅此賊，以申正義於天下。**執事同盟舊友，諒有同心，體國公忠，必多長策，此文之所以亟與執事商榷大計者也。閩南一隅之地，爲全局命脈所關，雪竹奉命守泉，與臧軍聯絡一致者，此物此志也。執事於雪竹有鄉里之誼，而於國家有改造之責。今雪竹棄泉，林洪與楊砥中輩夾攻漳、厦，大局岌岌，執事又豈能遏抑素志，坐視其斃，而聽國家胥溺者。仰芝兄推重執事，過於尋常，特囑其入閩晤商，藉達文意，書所不盡，統由仰芝兄面言之。」（玖—六二五）

第七節　保健之倡導

第一目　仁心仁術

國父以倡導保健爲懷，故於光緒十八年，在澳門創設中西藥店，貸銀購藥，救濟貧病，以仁心而實施仁術。國父全集雜著中，有如下之遺蹟：

「立領揭銀人孫逸仙：緣逸仙訂議在澳門大街開設中西藥店一間，需銀寄辦西國藥料，今託吳節薇兄擔保，揭到鏡湖醫院藥局本銀貳仟大員，（三），毛重一千四百四十兩正。言明每百員每月行息一員算其息，仍託逸仙代辦西藥贈送。逸仙自願贈醫，不受謝步。此本限用五年爲期，到期如數清還，或過期不測，無力填還，擔保人吳節薇兄自願填足，無得異論。欲後有憑，立明領揭銀單一紙當衆簽名，擔保人亦的筆簽名，交與鏡湖醫院藥局收執存據。擔保還銀人吳節薇的筆，知見人黎若彭、阮建生、黎曉生、曹渭泉、張楨伯、宋子衡。光緒十八年十月三十日，立領揭銀人孫逸仙的筆。」（拾貳—一）

急救傷患，亦保健之一端。然其術非人人所通曉，是必賴書籍以為助，此英倫赤十字會總醫員柯士賓君有「救傷第一法」之書之作也。是書對於救護方法，應有盡有，益人不淺。除已譯成法、德、義、日四國文字以廣流傳外，國父又為譯成華文，增加國人救傷之知識與功效。仁者之心，竟隨時隨地而廣被其澤於無窮矣。民前十五年，國父序「赤十字社救傷第一法譯本」文曰：

「孟子曰：『惻隱之心，人皆有之』。是以行路之人，相值於患難之中，亦必援手相救者，天性使然也。雖然，惻隱之心，人人有之，而濟人之術，則非人人知之；不知其術而切於救人，則誤者恐變惻隱而為殘忍矣，而疎者恐因救人而反害人矣。夫人當患難生死頃俄之際，施救之方，損益否當，間不容髮，則其理不可不審求也；此泰西各國通都大邑，所以有赤十字會之設，延聘名師，專為講授一切救傷拯危之法，使人人通曉，遇事知所措施，救濟之功，成效殊溥；近年以來，推廣益盛。吾師簡大理前在香港亦仿行之，創有香港赤十字會，集其地之英商軍士及巡捕等而督課之，藝成而領有會照者已達數十人。英醫柯士賓君，倫敦城赤十字會總醫員也；著有救傷第一法一書，言簡意賅，剖理簡當，洵為濟世之金鍼，救人之要術。其書已譯有法、德、義、日四國文字，更蒙各國君后大為嘉獎，鼓勵施行。去冬與柯君遊英君主雲塞行宮，得觀御蹕之盛。柯君道君主仁民愛物之量，充塞兩間。因囑代譯是書爲華文，以呈君主，爲祝六十年登極慶典之獻；旋以奏聞，深蒙君主大加獎許；且云華人作桃源於英藩者，以億兆計，則是書之譯，其有裨於寄英宇下之華民，良非淺鮮。柯君更擬印若干部，發往南洋香港各督，俾分派好善華人，以廣英君主壽世壽民之意。嗚呼！西人好善之心，可謂無所不用其極，此其一端也。譯畢，爰記數言，以弁卷首。中國孫文謹識。」（拾貳—一）

第二目　澤及枯骨以防疫癘

保健之道，首重衞生，故　國父對於停棺不葬者，以及經此大變之後，屍骸狼藉，暴露未埋，深恐天氣轉熱，薰烝成疫，特令內務部轉飭速行詳查掩埋。此固重視衞生，抑亦澤及枯骨之仁政也。民國元年飭內務部掩埋城垣內外各處暴露屍棺令曰：

「查江南風俗，常有親死不葬，殯厝曠野，歷年既久，槥棺暴露。又此次大變之後，屍骸狼藉，未及歸土者往往而有。此不惟傷行路之心，損首都之美；抑恐天氣轉熱，蒸成疫癘，關係全都人士衞生，實非淺鮮。爲此令該部飭下所司，速派專員，切實調查，其有主之棺，責令自行收葬，無主者由官爰爲埋掩，務期實力奉行，勿徒以虛文塞責。切切此令。」（拾—四五）

基於以上情形，國父又主張恢復我國天葬之古禮。卽火葬也。令飭大本營軍政部長程潛廣東省長楊庶堪移撥永濟藥庫廢址爲天葬場，文曰：

「竊維吾國葬埋之俗，誤解愼終根本之義，於殮飾務求其厚，於墳場務尙其閎；耗有用之財，奪生產之地，合全國積年而計，不知斁損國力若干。尤其甚者，惑於風水之說，停棺淺葬，屍骸暴露，風日蒸揚，則穢惡屍氣漫於空氣之內；雨潦侵潤，則腐化屍質混入飲料之泉。小則妨害健康，大則釀成疫癘，在常人每多不察，而其害實無比倫。從前伍老博士謀救其弊，曾經力倡天葬，卽俗所謂火葬。查火葬在吾國宋元間本有流行，現在世界各國更成爲共同傾向，洵屬裨益民生，相當可行。當時**明白事理以及注重公共衞生之人**，**均表贊同**，第以場所難覓，未及擧行。蓋火葬場所，須擇深奧無人居住地方。而倡始之際，更須交通稍便，方得人人樂從。……查悉永濟藥庫，業由軍政部呈奉鈞准撤廢，該庫舊址，深奧、交通二者俱備，擬請撥爲天葬場所之用。……務期轉移風化，實現良規。……」（拾—一一八）

第三目　嚴禁鴉片

英人以鴉片運銷吾國，流毒無窮，清廷雖知其害，曾予嚴禁。然自鴉片戰爭失敗後，懾於英人武力，仍許其運銷，致國人吸毒成癮者，到處皆是。而國人之種植販售，亦視爲當然，無所顧忌。遂使擧國上下，萎靡不振，致貽東亞病夫之譏。國父深惡痛絕，故於就任臨時大總統時，即迭令各長官，將從前禁種、禁運、禁吸各辦法繼續執行，勿任廢弛。並望各團體宣傳烟害，勸導戒吸，屏絕惡習，共作新民。通令二則曰：

「鴉片烟為害，歷歲久遠，年來訂限禁絕，幸覺悟者日多，稍免荼毒。乃軍興之後，禁令漸弛，復有滋蔓之慮，亟宜重申嚴禁，責成各長官將從前禁種、禁運禁吸各辦法繼續進行，毋得稍有疎懈。並當剴切曉諭，俾知禁烟為除害救民之要圖。凡我國民尤宜視為酖毒，互相勸懲，不得圖一時之利，而忘無窮之害。此令。」（拾—三四）

「鴉片流毒中國，垂及百年，沉溺通於貴賤，流衍徧於全國，失業廢時，耗財殞身，浸淫不止，種姓淪亡，其禍蓋非敵國外患所可同語，而嗜者不察，本總統實甚惑之。自滿清末年，漸知其病，種殖有禁，公膏有徵，亦欲剷除舊汚，自蓋前蠱，在下各善社復為宣揚倡導，匡其不逮，故能成效漸彰，黑籍衰減。方今民國成立，炫耀宇內，發憤為雄，斯正其時。若於舊染錮疾，不克拔滌淨盡，雖有良法美制，豈能恃以圖存，為此申告天下，須知保國存家，匹夫有責，束修自好，百姓與能。其有飲鴆自安，沉湎忘返者，不可為共和之民。當咨行參議院於立法時，剝奪其選舉，被選一切公權，示不與齊民齒。並由內政部轉行各省都督，通飭所屬官署，重申種吸各禁，勿任廢弛。其有未盡事宜，仍隨時籌劃舉辦。尤望各團體講演諸會，隨公勸導，不憚勤勞，務使利害大明，趨就知向，屏絕惡習，共作新民，永雪東亞病夫之恥，長保中夏清明之風，本總統府有厚望焉。」（拾—三四）

迨 國父辭卸臨時總統，尤以禁烟救民，爲當務之急。祇緣格於對英條約，未便强制其運銷，乃特致書英倫各報社，痛言鴉片貽害中國之甚，欲藉輿論力量，促使英政府覺悟，許我禁止此一害人之毒品運入，其用心亦至苦矣。民國元年，致英倫各報書云：

「鴉片爲中國之巨害，其殺吾國民，甚於干戈癘疫饑饉之患。吾人今旣建築共和政體，切望掃除此毒，告成全功。予自引退臨時總統之任後，對於此事，潛心推考，知今日最要緊之擧，卽在禁絕中國栽種罌粟；然非同時禁絕售賣，勢難停種，故必須將買賣鴉片，懸爲禁令，則禁種始能收效。玆因與貴國訂有條約，礙難照行，吾今敢請貴國於吾新國定基之初，**更施無上之仁惠，停此不仁之貿易**。予切願以人道與眞正之名義，懇貴國准許吾人在本國境內禁止售賣洋藥、土藥、害人毒品，並許懸爲厲禁，則栽種自能卽停，謹爲全國同胞乞助於英國國民。」（玖—一八二）

國父對於禁絕烟毒，夙具決心。無如軍閥專權，頻年戰亂，致禁令無從貫澈。甚且强迫農民種植，利其稅收，以爲割據僭竊之財源。然長此以往，無異飲鴆止渴，弱國病民，莫此爲甚。故禁烟爲拯救人民之義擧，亦屬於道德之事，決不可有所妥協也。當天津拒毒會某教士問 國父對禁絕鴉片之主張如何？遂不禁感慨系之，剴切言之。並表示永遠抱定不降服之政策，除惡務盡，以實現保我國民康健之素願。民國十三年在天津答某教士談話之記載曰：

某君問：「請問先生對於禁絕鴉片之主張。」先生答：「余之意見，認中國之禁烟問題與良好政府之問題，有連帶之關係。鴉片營業，絕對不能與人民所賦予權力之國民政府兩立。但在政府當局對於庶政之設施，未能實現民治之威權以前，於達到有效之禁絕，殊非可能。現在一般不法之軍閥，各在轄境之內，不但獎勵，而且强迫種植鴉片。明訂完密之禁烟計劃，爲用殊微。良以種植鴉片，較種植米穀、蔬菜、菓實等物，事簡而利厚，故農民大都不願亦不敢反對軍閥强迫種烟之命令也。國際聯盟之禁烟大會正將開會，出席該會之各國代表，應本公意之精神，毅然訂立嚴密計劃，禁止各國鴉片及其複製品（如嗎啡、海洛因等毒物）之出產。蓋中國政府破裂之結果，不但使烟苗復盛，亦使對外貿易日趨停滯，中外商人及合法商品之製造家，均受巨大損失。目下由私運私賣鴉片銷耗之鉅量款項，若用於正當貿易，不但可使本國商業復興，並可使中外間之合法通商大形起色。邇來有以爲今日我國鴉片復興，遍地皆毒，不如法律正式允許烟土之營業，海關放任外洋鴉片入口，以充裕餉源。此等主張，絕對不當。中國之民意，尤其守法安分純潔之民衆，其意見未有不反對鴉片。苟有主張法律准許鴉片，或對營業鴉片之惡勢力表示降服者，卽使爲一時權宜之計，均爲民意之公敵。今日國內情形，至爲惡劣，拒毒運動之進行，備受難阻，以至成績甚尠。然對鴉片之宣戰，絕對不可妥協，更不可放棄。苟負責之政府機關爲自身之私便及眼前之利益，倘對鴉片下旗息戰，不問久暫，均屬賣國之行爲。總之，對於鴉片之禍害，不論何種形式之降伏，均可謂爲蔑視國民之良心主張。卽以恃非法之鴉片爲利源之土匪式軍閥言之，亦不敢公然承認鴉片乃正當之營業。對彼等自身之非法行爲，亦難逃羞恥與盜竊之良心上責備。我國內地素缺乏道路與各項利便交通之建設，加以不時有軍閥之鬭爭，結果使農民之經濟負擔日益加重，農民雖欲安分耕種普通農產，殊不可能。例如廣東省政府極端反對烟毒，但鄰省私運之外，尚有國外鴉片由海道輸入。在此等現狀之下，雖有良好政府如廣東省者，甘冒萬難以取締非法之鴉片營業，釐定完密計劃，以圖毒害之根本廓清；但以水陸私運之繁多，無從收相當之實效。於此吾人可見局部之舉動，殊難收效，欲達禁烟之目的，必須由國民政府採定全國一致遵守之計劃。是故吾人應先打倒爲禍較深、爲害較烈之軍閥，促進國民政府之成立，使之實現民治之威權，禁烟始能收效。今日阻碍民衆生活與自由之禍害一經廢除，則輿論國力，必可貫徹禁絕鴉片之目的。目下軍閥未經打倒，民治政府尚未統一全國，對於達到上述目的之最佳方法，乃在拒毒團體之奮鬭不懈，繼續努力於調查與宣傳之運動，使非法營業無所遁跡。雖或一時未能收效，但千萬不可放棄堅忍與不妥協之奮鬭決心，當永遠抱定徹底不降服之政策。」（拾壹—一六四）

第八節　社教之普及（教育方法附）

第一目　由教育以改良社會

國父自辭臨時總統後，卽從事振興工藝及改良社會兩大設施。時社會風氣，人欲橫流，寡廉鮮恥，不顧道義。如欲予以改良，應先從培養社會道德做起，而社會道德之培養，其根本須自教育入手。故　國父主張每鄉設有蒙學校，進而由高等學校而至大學堂。如是，可藉教育力量，灌輸道德觀念，人人能重視道德，則社會風氣自能改良，而革命之目的亦自達矣。惜此後國家多難，雖有良法美意，而無從實現也。民國元年五月，與士蔑西報記者談話之記載曰：

記者問：「孫先生現在對於中國之設施，是否尙繼續進行？」先生答：「予已卸却政治上之事業，專辦振興工藝，及改良社會之大設施。」記者問：「注重教育否？」先生曰：「然。」記者問：「從何處入手？是否先辦學堂？」先生答：「予將從根本上入手，先使每鄉能有蒙學校，由蒙學校而至高等，由高等學校而至大學堂。」記者問：「然則欲仿歐美之法矣。」先生曰：「然。」記者問：「旣如此，則先生定以此次革命爲促進中國社會之教育道德矣。」先生曰：「然。」（拾壹—一二）

第二目　改良社會應用感化方式

國父以爲欲改良中國社會，須三民主義之精神，和平、自由、平等。而平等目的，在政治上要謀民權平等，在社會上要謀經濟平等，乃能免除階級衝突，階級競爭。惟國人無論有知識與無知識，皆未了解三民主義之意義，所以指導方法，不可以己所了解者爲標本，應爲對方設想，使其樂於接受，故惟有用感化方式，而後能收指導之效。所謂精誠所至，金石爲開也。民國八年在上海與戴季陶談話之記載曰：

先生曰：「我們改革中國的主義，是三民主義。三民主義的精神，就是要建設一個極和平、極自由、極平等的國家。不但在政治上要謀民權的平等，而且在社會上要謀經濟的平等。這樣做去，方才可以免除種種階級衝突，階級競爭的苦惱。所以我們在經濟上，一面要圖工商業的發達，一面要圖工人生活的安全幸福。不過目前這個時候，我們對於許多不明白的人，要使他明白，應該怎麼樣呢？**有一點頂重要的就是指導他們方法**，很要注意。**中國現在不但工人沒有知識，連號稱知識階級裏面的人也是一樣沒有知識**。工人沒有知識，就是一切新舊知識都沒有的；知識階級裏面的人，就是有有害的知識，沒有有益的知識。對於毫無知識的給他一個知識是容易，對於號稱有知識的，教他判別是非利害，倒是很難。我們在這個時候，既然立了一個主意，要做指導社會的工夫，最要緊的，就是不好先拿我們的知識，整個的放上去，以爲這件事；我已經明白了，他爲什麼不明白？兩次說不明白，便生了氣，這是不行的。我們要曉得，羣衆的智識是很低，要教訓羣衆、指導羣衆，或者是教訓指導知識很低的人，最要緊要替他們打算，不好一味拿自己做標本。這樣的去做工夫，方才有趣味，方才得到研究的益處，方才能够感化多數的人。你看教馬的人，他怎樣能够把馬教會的，就是他在教馬的時候，他自己的意識已經先變了馬，他不是先要馬懂得他的意思，他是先要自己懂得馬的意思。教馬的人，在馬的面前，是一點也用不得智慧的，如果要用人的智慧，一定要和馬打起架來。你又看那教猢猻的人，他也是要就猢猻的性格去教猢猻，不是要就人的性格去教猢猻。因爲在我們看來，英國是這樣，俄國是這樣，德國是這樣，拿許多榜樣做材料，就歸納到中國應該怎樣的本題，成一個主張。但是那多數的人，他却是不懂的；所以我們如果要指導多數人，是先要把自己的知識學問收藏起來，處處去順他的性，來誘起他的自覺，然後得來的結果，方能够圓滿；然後我們指導社會的目的，方能够達到。」（拾壹—三九）

第六章 人生之修養與責任

第一節 對世界人類

第一目 以進大同

中國自古立國，卽有濟弱扶傾之正義感，故如安南、緬甸、高麗、暹邏諸鄰近小國，從未予以吞併，依然保持其獨立。自歐風東漸以來，上述小國，分別爲法、英、日等强國所滅亡。

國父以爲中國一旦强盛，不特欲恢復我民族之地位，更欲以我國固有之和平道德爲基礎，對世界弱小民族，負濟弱扶傾之大責重任，使其共享平等自由，成爲世界大同之治。民國十三年講民族主義有言：

「中國古時常講「濟弱扶傾」，因爲中國有了這個好政策，所以强了幾千年，安南、緬甸、高麗、暹邏那些小國，還能够保持獨立，現在歐風東漸，安南便被法國滅了，緬甸被英國滅了，高麗被日本滅了。所以中國如果强盛起來，**我們不但是要恢復民族的地位，還要對於世**

界負一個大責任。如果中國不能够擔負這個責任，那末中國强盛了，對於世界便有大害，沒有大利。中國對於世界究竟要負甚麼責任呢？現在世界列强所走的路是滅人國家的；如果中國强盛起來，也要去滅人國家，也去學列强的帝國主義，走相同的路，便是蹈他們的覆轍。所以我們要先決定一種政策，要濟弱扶傾，才是盡我們民族的天職。我們對於弱小民族要扶持他，對於世界的列强要抵抗他，如果全國人民都立定這個志願，中國民族才可以發達。若是不立定這個志願，中國民族便沒有希望。我們今日在沒有發達之先，立定扶傾濟弱的志願，將來到了强盛時候，想到今日身受過了列强政治、經濟壓迫的痛苦，將來弱小民族如果也受這種痛苦，我們便要把那些帝國主義來消滅，那才算是治國、平天下。我們要將來能够治國、平天下，便先要恢復民族主義和民族地位；**用固有的道德和平做基礎，去統一世界，成一個大同之治，這便是我們四萬萬人的大責任**。諸君都是四萬萬人的一份子，都應該擔負這個責任，這便是我們民族主義的眞精神。」（壹—四九）

惟欲致大同之治，應自治理本國入手，所謂國治而后天下平。故民國成立，　國父爲謀南北統一，從事建設，安定民生，爰讓大總統職位於袁世凱。而袁心懷異志，遷延不南下就職。　國父乃遺書促駕，告以所求者，惟在作新邦國之志願而已。且曉以嗟我國民，久爲世所賤視，能使新民國發皇，登我民於世界人道之林，此外豈尚有所恤。言辭懇切，出自至誠，無不爲國家民族著想，欲使故國重躋於富强之域，而斯民地位，亦得以提高矣。蓋　國父欲以不忍人之心，行不忍人之政。奈何袁氏別有企圖，無動於中，致　國父所期望者，未能實現，良可慨已。民國元年致袁氏書曰：

「慰庭先生鑒：文服務竭蹶，艱大之任，旦夕望公，以文個人之初願，本欲藉交代國務，薄遊河朔。嗣以國民同意，挽公南來，文遂亦以爲公之此行，易新國之視聽，副輿人之想望，所關頗鉅。於是已申命所司，繕治館舍，謹陳章綬，靜待軒車。現在海內統一，南北皆有重要將帥，爲國民之心膂，維持秩序之任，均有所委付，不必我輩簿書公僕，躬親督率。今所急要者，但以新民國暫時中央機關之所在，繫乎中外之具瞻，勿任天下懷廟宮未改之嫌，而使官僚有城社尚存之感，則燕京暫置爲閒邑，寧府首建爲新都，非特公之與文必表同意於國民，卽凡南北主張共和，及疾首於舊日腐敗官僚政治之羣公，寧有間焉。至於異日久定之都會，地點之所宜，俟大局既奠，決自正式國論，今且勿預計也。總之，**文之志願，但求作新邦國**，公之心迹，更願戮力人民，故知南北奔馳，公必忘其自暇。嗟乎！我輩之國民，爲世界賤視久矣。能就新民國之發達，登我民於世界人道之林，此外豈尚有所恤乎。公之旋轉之勞，消磨其盛年，文亦忽忽其將衰，耿耿我輩之心，所足以資無窮之方來者，惟盡瘁於大多數幸福之公道而已。公其毋以道途爲苦，以爲强勉服務者倡，公旆南蒞，文當依末光。左右起居，俾公安愉，俟公受事而文退。翹盼不盡」（玖—一四〇）

第二目 以天下爲己任

迨袁世凱帝制自爲後，分遣鷹犬，爲其効命。國父乃致書袁之部將，曉以順逆之勢，利害之途，欲其辨順逆而明利害，共服從於共和政體之下。且身爲名將，不可爲盜國神姦所利用而作其家奴，應以捍衞國家爲人民之公僕，勸勉其樹義幟，擁護共和，如以革命而產生萬惡政府，則羣起聲討，理所當然，勢所必至，非國人之好亂也。語云：「千人所指，無病而死」者，其袁氏之謂歟？時國父身雖在野，然對於袁氏之食言違法，毁棄共和，非剷除之不可，其自任於天下之重如此。民國五年勸袁軍部將勿助逆書曰：

「自癸丑以還，不以文字語言與國人相見者，兩年於玆矣，是非一亂，政本全乖，外侮頻來，內憂方大。近乃由國體問題，趨入存亡問題矣，以足下之練達英武，中間利害，寧待深言。今則滇、黔崛起義師，聲罪討逆，風聲所樹，薄海同欽。順逆之勢既殊，成敗之局可睹，國脈未死，民氣一蘇。中國國體之是否適宜共和？解決國體之是否眞正民意？帝制實行之是否不生內亂？變更國體之能否鞏固外交地位？袁世凱式之一人政治，是否眞能利民福國，適於二十世紀生存？皆可於此時下一判斷。語曰：『千人所指，無病而死。』此千人者，決非御用派之奴隸鷹犬，以至無是非無羞惡之人類，而可嫚以自欺，援以自壯，曰民意民意，以塗飾中外耳目者也。**故萬惡政府之唯一產物，是曰革命，此非國人之好亂，實惡政治之自身有以造成之。**公等義全大局，服從於共和國體之下，袁氏四年來之僞共和，當夙知之。其叛國及賣國之險詐，駁下之羈縻猜忌，不誠不信，當夙知之。以足下功高不賞，其爲忌嫉，豈待許言？乃者勳爵五等，徧及軍人，厮養羊頭，濫於更始，縱更爵號，究復何榮？而足下服從神聖共和之初心，又將爲盜國神姦之所由利用？巍巍名將，豈爲家奴？諒足下練達英武，必不出此。往年一客燕都，幸與足下有握納之驩，退自思歎，當今名將，必數足下。至於今日舉足輕重，大局所關，轉危爲安，在此一舉。乃聞袁氏，且派足下率師，以捍滇黔。此名此義，對於民國，猶曰效忠；對於今日盜國賣國之獨夫，實爲助逆。人心向背，得失是非，不待觀望徘徊，而知其無幸矣。爲今之計，三湘健兒，民氣素張，公爲中堅，又握魁柄，大可及時提挈。倡樹義幟，擁護共和，建蓋世之功名，播威聲於中外，流芬芳於史册，此計之最上者也。擁兵逗遛，沉機觀變。坐使勢成鷸蚌，利歸漁人，計之下者也。以共和名將，不保障公器之國家，而甘爲一姓之臣奴，作梁鶩之虎，效靈公之獒，卽使勝利，人格已非，萬一挫衄，名實俱喪，計之最下者也。吾黨灼觀大勢，痛失天良，銳身護國，何敢稍後於人，足下而有意於大局，無重悖於世界之趨勢也，必行最上之策，乘有爲之勢，始終貫徹於一主義，西南各省，吾黨夙布實力，必能與足下義旗，呼吸響應，互爲聲援，事機所在，間不容髮，稍縱卽逝，惟足下裁之。」（玖—二四二）

果也袁世凱以全國反對，憂鬱而卒。黎元洪以副總統資格，依法繼任總統。國父電請規復約法，尊重國會，去亂圖治，與民建設。蓋民國總統，爲人民公僕，一切應服從公意也。民國五年六月，電黎元洪盼規復約法尊重國會文曰：

「公以首義元勳，夙繫人望。民國創始，文慚薄德，與公追隨。今聞於陽日依法就職，良爲國慶。中邦專制，歷數千年，共和方新，忽被摧挫，去亂圖治，願力反前人所爲。有如規復約法，尊重國會，尤不容緩。民國總統職曰公僕，一切僭制妄作，宜卽屛除，庶幾氣象一變。目前糾紛若定，前途希望無窮。尤企公本高尙之旨趣，宏大之規模，勇毅之精神，精密之條理，與國民從事建設，天下幸甚。」（玖—二六五）

黎氏就任後，順從國父之請，恢復國會，遵行民國元年之臨時約法。國父乃發表通告國內外同志書，略謂：「黎能守法，則目的已達，應令各路軍隊，一律止戰，以示前之革命，志在護法，而非爲私利」云云。蓋國父祇知救國，而不知其他也。「通告國內外同志書」曰：

「弟夙昔秉性質直，二十年來，祇知救國，不知其他。滿虜已除，中間復經袁逆之變，使國人流離顚沛，無所控告，弟用自疚，率國人以討之，隨蹶隨起，數年來未嘗逸豫。幸天相中土，袁逆自斃，黃陂依法繼任，恢復約法，重集國會，弟卽宣布罷兵，以示**前之革命**，**志在護法**，**而非爲利**。黎能守法，則目的已達，應令各路軍隊，一律止戰。一方結合在野同志，取其監督政府主義，一方籌措工商事業，以圖國利民福」。（玖—二七九）

國父之奉法負責，不肯輕棄職守者，尤可於陳炯明叛變後，對香港士蔑西報記者所言見之。其浩然之氣，充塞天地，洵足爲萬世矜式。民國十一年六月二十日在廣州永豐艦與香港士蔑西報訪員談話之記載曰：

「先生曰：我爲國會議員所選舉之總統，故對國會議員，負有非常重大之責任，現時我在軍中，所以照常行使我之職權也。如我放棄職權，則對國會爲違法，對國家卽爲叛國。卽使我欲辭職，亦當向選舉我爲總統之議會正式辭職也。廣州自陳炯明主使其部下叛變以來，至今已將旬日，吾與叛軍始終奮鬪，堅持不怠者，亦惟守法盡職，對我國會與國家負有完全責任而已。如我輕棄職守，偷生苟安，是自背初衷，從此上無道揆，下無法守，其將何以立國？吾又何必創造民國，枉費此三十年來慘澹經營之精神乎？吾誓必戡亂，以謝國人。違法之舉，非吾孫某所爲也。」（拾壹—四五）

第三目　天下興亡匹夫有責

民國七年，桂系軍人播弄國會，改組軍政府，易大元帥制爲七總裁合議制，以岑春煊爲主席。國父知其改組之旨，實在妥協分贓，非爲護法也。乃通電向非常國會辭去大元帥職，縷述創議護法，爲伸正義，所以不計成敗，惟求其存正氣而已。乃武人爭雄，雖號稱護法之行省，亦莫肯俯首於法律及民意之下。夫個人之去就其義小，而國家之存亡其義大，前之忍辱負重，謀使各省尊重非常會議爲護法中心者，意卽在此。今非常會議既決議改組軍政府，庶可資羣策羣力，以成護法之大業。至若無拳無勇之匹夫，一切不計，而惟知用力以擁護國會之非常會議，乃其效果如是，已可告無辜於國人。但仍當本匹夫有責之旨，立於個人地位，盡其扶助民國之天職。

國父爲國負責之精神，實足敬仰。然其中心之沉痛，亦可以見矣。民國七年五月，向非常國會辭大元帥職通電文曰：

「慨自國會非法解散，中更復辟之變，民國已無依法成立之政府。使馮、段兩氏果有悔過之心，雖爭個人權利，苟能撤消非法解散國會之命令，使國會繼續開會，則與一言興邦何異，夫誰得而議其後者。乃必思以北洋兵力，征服全國，遂致釁啓川湘，而全國之統一以破。其時滇桂之師皆由地方問題而起，而所謂宣告自主者，其態度猶屬曖昧，似尙置根本大法於不問，泯泯棼棼，莫知厎止。文不忍坐視正義之弗伸，爰於滬上與民國諸老創議護法，海軍將士亦有宣言，相率南來，粵省議會乃有請國會議員來粵開會之決議，由是發生國會非常會議於廣州，於中華民國六年八月卅一日公佈軍政府組織大綱。文不才，被舉爲大元帥，雖自知弗能勝此重任，然國家多難，匹夫有責，文忝在手造民國之列，不能視大法之淪亡而不救；用是不避險艱，不辭勞瘁，以爲護法討逆倡，使吾國及友邦之人咸曉然於軍政府之職志。至於成敗利鈍，匪所逆覩，凡以存民國人民之正氣於天壤間而已。自是厥後，粵、桂、滇、黔、湘、川，莫不一致宣言護法，始以恢復非法解散之國會，爲共同之目的。於是地方之爭，一變而爲國會之爭。軍政府雖無尺地之憑藉，而此志已範圍乎六省，而其他表同情而思附議者，尙復所在多有，均有醞釀發難之中，不得不謂護法之已告一成功矣。**顧吾國之大患，莫大於武人之爭雄**，南與北如一邱之貉，雖號稱護法之省，亦莫肯俯首於法律及民意之下；故軍政府雖成立，而被舉之人，多不就職，卽對於非常會議，猶莫肯明示其尊重之意。內既不能謀各省之統一，外何以得友邦之承認。文於斯時，瘏口曉音，以期各省之覺悟，蓋已力竭聲嘶，而莫由取信，**知我者爲我心憂，不知我者謂我何求**，斯之謂矣。然**個人之去就其義小，國家之存亡其義大**，文之所以忍辱負重以迄於今者，良以負責無人，非得已也。凡文之所以謀使各省尊重非常會議爲護法之中心者，無所不至。今自岳長累敗以來，各省始悟**分則俱傷，合則兩美**；然後知有組織統一機關之必要，且知已有非常會議爲護法中心之必要，及今圖之，猶爲未晚，而文之力固已盡於是矣。計自提取鹽稅存款，以充國會正式會議經費，預定六月十二日爲開會之期，文之效忠於國會，任務本已將盡，今者非常會議決議改組軍政府，以應各省之要求，今而後庶可資羣策羣力，以克昭護法之大業，而告厥成功，豈非民國之幸。文本匹夫，無拳無勇，所以用其全力以擁護國會非常會議者，其效果亦既如是，庶乎可告無辜於國人，玆仍願以匹夫有責之身，立於個人地位，以盡其扶助民國之天職。謹略述顚末，向國會非常會議辭大元帥之職，幸唯公鑒。」（玖—三七四）

國父旣辭大元帥，復通告海內外同志，告以責任已盡，惟有本匹夫有責之誼，仍致力於國家。其公爾忘私，百折不撓之精神，自可大白於天下。至期勉諸同志者，以吾黨繫中國之存亡，斷不可以蹶躓而磨滅壯志也。民國七年八月，通告海外同志書曰：

「時值改組軍政府之議成，而文之責任已盡，**唯有還本匹夫有責之誼，以期致力於國家**，由是自潮東渡，由東歸滬，救國主旨，未嘗或息。伏念文行年五十有二，奔走國事者垂三十年，無非欲奠定邦家，使臻强富；此心此志，爲公爲私，當爲吾黨所共喻。近雖屢遭挫敗，而得百折不撓者，此非盡文一手一足之力，純持吾黨諸君子竭力相維，故文深信吾黨實繫於中國之存亡。使吾黨弛而不張，則中國或幾乎息，是斷不能以蹶躓而磨滅其壯志，猶之操舟逆流，須策羣力，以相搘柱，文深望諸君子之同喻斯旨也。」（玖—三七九）

故當民國元年，閩省都督孫道仁等有倦勤之意。國父特電示吾人之於國事，有義務而無權利，方今責任未盡，不能以引退爲鳴高，勗其負責盡職，爲國家人民服務。電曰：

「福州孫都督、彭政務長公鑒：迭接來電，彭君經營光復之事，文所素知。卽光復以後，亦賴襄贊，誠如孫都督所言，現時外官制未畫一，各省權宜之辦法，自可照行。尤有言者，**吾輩對於國事，有所謂服務，無所謂權利，故責任未盡者，不能以引退爲名高**，此意尤望君等體之。總統孫文叩、禡。」（玖—一四五）

國父任命熊克武爲四川督軍，熊遲遲未就。乃去電促之，勗以當仁不讓之大義，堅其討賊決心。時段祺瑞復出，下令促戰，川中不可不有大員以震懾之，老成謀國，誠煞費苦心也。民國七年，致熊克武促就四川督軍職電曰：

「川難初平，內之輯睦各軍，肅清餘孽，外而聯絡各省，共定中原，非得功高望重如執事者，斷難膺此艱鉅。前因省議會公電推舉，實爲民意所歸，是以特加任命。日前得唐蓂帥有電，亦謂：軍府任命，係本民意，深表贊同，已力催執事就職，乃來電猶未肯就任，甚非當仁不讓之義。執事之任川督，各方翕服，若再事撝謙，轉失重望，且段祺瑞復出，宜速宣布就職，以堅川中將士討逆之決心，而作士氣，實所厚望。」（玖—三五七）

陳炯明忘恩負義，犯上作亂。國父於十一年十月，函勉魯滌平應以天下爲己任，救湘攻粤，除奸宄而維紀綱。函曰：

「自陳逆作亂粤東，大局復陷於黑暗，然是非順逆所在，則人心皎然其不可欺，即對於甘爲軍閥傀儡，尸位素餐之黎氏，亦既厭且憎，**故吾人當以天下爲己任**，不容一日放棄。」（玖—五六二）

觀於以上各則，國父非惟以天下興亡匹夫有責爲己任，即對於同志，亦無不以此相勉也。

第二節　對國（順天應人）

第一目　赤誠愛國

國父函北方軍人曹世英，勉以愛國家，順人心，而又以熱忱服務，則今之軍閥，直如冰山，未有不自溶化者。此卽孟子所謂：「得天下有道，得其民，斯得天下矣，得其民有道，得其心，斯得民矣，得其心有道，所欲與之聚之，所惡勿施爾也」之意。民國十二年勗曹世英順民報國函曰：

「國事蜩螗，於今愈甚，惟有識者拔出庸流，力圖遠大，斯爲有濟。兄耐勞忍苦，歷有數年，艱貞可見。既在北方握有實力，則相機報國，尤屬易圖。方今軍閥，外觀勢力雖大，實若冰山耳。**吾人果以愛國之赤誠，作順人之舉動，其成功可必也。**北風多厲，惟爲國努力，毋任期望。」（玖—五八六）

當滇、桂軍討伐陳炯明進展順利之時，廣州突發生江防司令部會議變故。國父函滇軍司令劉震寰，促速戡平沈鴻英之亂，以除惡務盡。並儆以「天與不取，反受其殃。」蓋沈鴻英惑於政學會陰謀，欲接受北方授與廣東督理之命，故藉討陳爲名，一到廣州，卽盤踞官署，佔取稅收，而圖不軌。其喪心病狂，不知愛國，竟至於此極也。民國十二年，爲沈鴻英謀變復劉震寰告中止回粵並勗從速戡亂函曰：

「昨周君公謀來，出示迎柬，高誼干雲，紉感無旣。本擬返粤一行，與兄等商善後，不意船位甫訂，而沈鴻英謀變，捕殺麗堂之警耗迭至，諸同志僉以禍變未知所屆相勸阻，遂不果行，枉勞候迓，尙希亮察。此間確報，鴻英欲圖害者，實不僅麗堂一人，廣東一省，貴部及其他諸同志部隊，亦經在彼暗算之列。在鴻英向隷盜閥，久降北虜，其仇賊吾黨，破壞西南，無足深怪；獨惜此次桂軍以義始，徒以鴻英一人之故，幾蒙不義之名，外間不察，甚至疑滇、桂軍皆黨於沈，沈愈挾之以市利，殊令人慨嘆不置。粤中諸軍屢電請討，謂欲肅清兩廣內奸，維持護法根據地，如沈鴻英者，決不可不亟謀剷除；海濱、展堂諸人均以是爲請。文以士氣不可過遏，除惡終宜務盡，業經復電允可。兄爲吾黨健者，想不待此書之至，早已磨盾草檄矣。夫乘機以去敵，義立而衆歸，在昔賢豪之興，罔不由此。今沈部不過數千，論力則我衆彼寡，論理則彼屈我直，勝負之形，無俟交綏而已見，此殆天奪沈魄，而玉執事於成耶，語曰：「**天與不取，反受其殃**」，幸速圖之。」（玖—六〇〇）

政府改組爲七總裁合議制，　國父卽辭職赴滬。時伍廷芳年近八旬，亦被舉爲七總裁之一。函　國父表示不就。　國父勸勿猶豫，當機立斷，護法結果，旣不能副我輩所望，惟有潔身引去。至驅除武人帝孽，救人民於水火，祇得持冷靜態度，以待時機之至，蓋報國無分老少，人人有此責任耳。民國八年，復廣州伍廷芳固辭政務總裁職函曰：

「得手教，敬悉壹是。先生以望八之年，爲國不辭劬苦，此意令人深感。所示各策，似言者拘於形式之變更，仍無繫乎根本之改革，弟意未敢贊同，所謂唯之與阿相去幾何？先生固了然於得失是非之際，無待贅詞耳。弟比來獨居，深念所以救水火中之人民，驅除武人帝孽者，當別有良圖，惟目前宜暫持冷靜無爲態度，以待時機。至護法之結果，既不副我輩所望，來教云云，則惟有潔身而去。弟已授意代表，相機辭職，如先生決意，便可同時行之。吾道不孤，將令彼恣睢撓法之武人，若聽死刑之宣告，未始於世道人心無益也。先生其勿猶豫。」

（玖—四二七）

第二目　忠勇（軍人本分附）

軍人之仁在救國，而其仁之表現，爲忠與勇，卽孔子所謂：「無求生以害仁，有殺身以成仁」也。專制時代之軍人，僅爲一人一姓而盡忠逞勇。共和國之軍人則不然，其忠勇爲保衞國家，愛護人民，與專制時代之軍人不同，國父以此勉勵滇、桂、粵軍，欲其維護共和，發揮此忠勇之仁德也。民國十年，在桂林對滇、贛、粵軍訓話曰：

「**軍人之仁**，果如何耶？**其目的在於救國**。故自有軍人以來，無不曰**爲國盡力**，但專制國之軍人，與共和國之軍人，又有不同。專制國家乃君主個人之私產，認定君主卽爲國家，故在此專制國之軍人，只可謂忠於一人一姓，爲君主出死力，非爲人民而犧牲也；若在共和國，則國家屬於全體人民，而犧牲者，卽同時爲國家盡力也。專制國與共和國之軍人，相異之點

若此。」（捌—一三八）

國父又言軍人之勇，其定義爲不怕，卽孔子所謂「勇者不懼」。惟勇亦須有主義，有目的，有知識，而不可意氣用事，勇於私鬪，怯於公戰也。在桂林對滇、贛、粵軍訓話曰：「軍人之精神，爲智仁勇三者。旣有智與仁矣，無勇以濟之，仍未完備。玆述軍人之勇，須先知勇之定義如何。古來之言勇者，不一其說。一往無前，謂之勇。臨事不避，謂之勇。余以爲最流通之用語，『不怕』二字，實卽勇之定義，最簡括而最確切者。孔子有言：『勇者不懼』。可見不懼卽爲勇之特徵。孟施舍古之勇士，其言曰：『舍豈能爲必勝哉，能無懼而已矣』。由是以觀，不怕卽勇之定義，決無可疑。但軍人之勇，須爲有主義，有目的，有知識之勇始可。否則逞一時之意氣，勇於私鬪，而怯於公戰，誤用其勇，害乃滋甚。」（捌—一四三）

勇且有大勇小勇之別。小勇者，發狂之勇，血氣之勇，無知之勇是也。大勇則爲軍人之勇，長技能，明生死。軍人之訓練操作，卽長技能也。至生死之際，軍人尤不可不加以明辨。孟子謂：「生、我所欲也，義、亦我所欲也，二者不可得兼，舍生而取義者也。」故其死有重於泰山。我國古來忠勇之士，爲國捐軀，名垂史册，是則人雖死而精神不死，死猶生也。在桂林對滇、贛、粵軍訓話曰：「勇之種類不一，有發狂之勇，所謂『一朝之忿，亡其身以及其親』者是也。有血氣之勇，所謂「思以一毫挫於人，若撻之於市朝」者是也。有無知之勇，所謂「奮螳臂以當車輪」者是也。凡此數者，皆爲小勇，而非大勇。而軍人之勇，是在夫成仁取義，爲世界上之大勇。古人有言：「遇小敵怯，遇大敵勇」。卽恐輕用其勇，誤用大勇，徒成爲游勇之勇。

軍人之勇：⑴長技能；⑵明生死。軍人之勇，第一必要者爲技能。諸君皆曾受軍事教育，於現今各國之新戰術新武器，自必耳熟能詳。無庸贅述。但武器與戰術，固有關係者。以中國論，昔用弓箭，而今用槍砲；武器不同，戰術亦隨之而異。自海禁旣開之後，與英戰，與法戰，與日戰，與聯軍戰，未有不敗者，非無槍砲，不諳戰術故也。苟諳戰術，則昔日安南中之黑旗，法國患之；南非洲杜國之農民，英國患之。彼之所用戰術，皆爲游勇戰術，最能制勝；余亦主張此戰術頗適用於中國，若與北方交戰，尤爲相宜。約言之，有五種技能，爲游勇戰術中最可採取者。一曰命中；二曰隱伏；三曰耐勞；四曰走路；五曰吃麤(詳見原文)。

軍人之勇，於技能之外，更有明生死之必要。不明生死，則不能發揚勇氣。所謂勇，卽不怕二字。然暴虎馮河，人之所能，獨至於死，則未有不怕者，以欲生惡死，人之常情也。研究此問題，爲哲學上問題，人生不過百年，百年而後，尙能生存否耶？無論如何，莫不有一死，死旣終不可避，則當乘此時機，建設革命事業。若僅貪圖俄頃之富貴，苟且偷活，於世何裨？故死有重於泰山，有輕於鴻毛者；死得其所則重，不得其所則輕。吾人生於今日之世界，爲革命世界，可謂生得其時，予我以建功立名之良好機會。夫湯武革命，孔子且豔稱之，彼不過帝王革命，英雄革命；而我則爲人民革命，平民革命，乃前不及見後不再來之神聖事業。先我而生者，旣不及見；後我而生者，亦必深自恨晚，且不知若何羡慕。故今日之我，其生也，爲革命而生我；其死也，爲革命而死我；死得其所，未有善於此時者！諸君試觀黃花崗烈士，從容就義，殺身以成其仁，當日雖爲革命而犧牲，至今浩氣常存，極歷史上之光榮，名且不朽。然猶曰爲革命失敗而死也。若此次革命乃必成之功業，又何憚而不爲？又何死之可怕？今日集此一堂者，大半皆在二十歲以上，至多更有八十年之壽命，終不免一死，死於牖下，與死於疆場，孰爲榮譽？是在明生死之辨！如孟子所謂：『所欲有甚於生者，舍生而取義也』。故爲革命而死者，爲成仁，爲取義，非若庸庸碌碌之輩，終日醉生夢死，無所表見，又非若匹夫匹婦之爲諒，自經於溝瀆，而莫知之也。諸君旣爲軍人，不宜畏死，畏死勿爲軍人，須知軍人之爲國家效死，死重於泰山。我死則國生，我生則國死；生死之間，在乎自擇！明生死，則能鼓其勇氣，以從事於革命事業，爲革命軍人。革命成功，可立而待，將來之幸福，且無窮極。以吾人數十年必死之生命，立國家億萬年不死之根基，其價値之重可知。諸君幸共勉之。」(捌—一四三)

軍人旣以忠勇爲責職，故當桂系稱兵作亂之際，國父函促賴世璜同志從速蕩平之，以伸張正義，恢復人格也。民國九年十月，促賴世璜努力討桂函曰：

「此次驅除桂賊，爲伸張正義，恢復人格之擧。執事敵愾同仇，捷音頻報，勳勞甚著，義勇

可欽。卽望努力爭先，剪平餘虜，不特助粵人成功，亦爲贛、滇兩軍雪恥也。」（玖—五〇四）

際此國事多變，而共和名義，於此十年來仍能保存者，基於吾黨之以誠感人，以勇致勝也。民國十一年，嘉奬黃海山黃爕恭鄧寶廷陳官明爲國捐款函曰：

「國事艱鉅，不有賢勞，共起維持，其何能濟？十載以來，變亂頻仍，而共和之名義尙存者，卽我同志奮鬭之力也。今國內民衆，多感於吾黨之至誠，而信仰吾黨之主義，**我同志務須鼓其勇氣，各竭其力，則必能得最後之勝利也**。」（玖—五七七）

故軍人之本分，惟以犧牲個人之平等自由，而使全國同胞，皆得享受自由平等之幸福。如此，則忠於謀人，勇於克己，軍人之本分盡矣。民國元年在廣州軍界歡迎會演講曰：

「諸君爲軍界中人，此次革命之所以成功，民國之得以成立者，全靠軍人之力，兄弟特代同胞感謝。想我中國未革命以前，列强環伺，欺凌侵併，無非以我國武力不足。今日民國正當草創，欲中國成爲强固之民國，非有精强陸軍不可，故民國前途，依賴我軍人之力正多。今日要務，在乎擴張軍備，以成完全鞏固之國，然後可與世界列强並駕齊驅。更有爲軍人告者，旣爲軍人，須犧牲個人之自由，個人之平等，以爲四萬萬同胞謀自由平等，使四萬萬同胞得享自由平等之幸福，此軍人之天職。乃或者謂軍人出力以革命，軍人自應與一般國民共享自由平等之幸福。不知革命雖全仗軍人，而此乃爲軍人之本分，若軍人忘其本分，不爲四萬萬同胞謀幸福，而爲個人謀權利，恐非軍人最初所抱之革命宗旨。況軍人以服從爲主，一涉於自由平等，尤大乖軍人之本旨。然軍人出死力以爲同胞謀幸福，亦非全無幸福之可言。凡事有利於人者，未必有害於已。且軍人之犧牲自由平等祇在現役，爲時甚暫，退役後，卽可與一般國民共享自由平等之幸福。又民國鞏固漸臻繁盛之後，軍人之子子孫孫以至萬世，皆得永享自由平等之幸福。」（捌—一三）

國父有慨於今日之世界，乃一自私自利之惡濁世界，因之人皆以爲無甚希望，而生厭世之念。實則軍人應負起責任，建設一新世界。然此非徒託空言所能濟事，必也言顧行，行顧言，言行一致，以達成此一建設之願望，而盡吾軍人之本分。民國十年在桂林對滇、贛、粵軍訓話曰：「吾人若欲建設新世界，則亦必思如何始能建設，非可託諸空談也。今日之世界，乃自私自利之惡濁世界。在此世界中之人類，旣無保證，又無希望，且陷於極端痛苦，於是有生厭世思想者。若論軍人地位，吾國常有「好男不當兵，好鐵不打釘」之俗諺，意若其人必爲身無職業，以當兵爲生活之末路者。此雖由中國輕視軍人之故，亦以實際上無何等希望，故有此語。以余觀之，不特軍人爲然，卽一般社會前途，亦復非常慘澹。在諸君之爲軍人者，無論爲官爲兵，雖有薪水伙食，僅足自活；而父母妻子，尙不能無所資以爲扶養。故在此舊世界，實無一人能脫煩惱者。」（捌—一四七）

故顧品珍同志欲辭去兼職，專理軍政，實行地方分治。國父馳電嘉勉之曰：「體國公忠，超越流輩。」以其能守軍人本分也。十年十二月嘉慰顧品珍公忠體國電曰：

「執事辭卸兼職，專理軍政，躬率勁旅，馳赴北方，俾地方舉分治之實，疆場收合作之功，體國公忠，洵屬超越流輩，毋任欽佩。」（玖—五三四）

第三節 對家

第一目 擴大家族至國族

焦易堂同志奔走國事，勞怨不辭，兓造共和，頗著功績。且其人端直溫厚，不類世俗子。國父知其必有所自也。果也得賢母之懿訓，故其所表現於國事者，如是之卓犖不羣也。願愛國之士，共起而救此家教幾絕，國脈日微之危機。國父嘗撰焦心通暨崔太君行狀書後矣，文曰：「自古賢者多淵源於家學，而母教之孕育，關係尤偉，是於教子貴有義方，賢母令妻，爲女教之典範。易堂焦君，秦中傑士也，爲國事奔走有年，於民國兓造頗有功焉。其爲人也，端直溫厚，不類近世子，予每覺其立身，必有所自；及讀易堂所述其先德心通先生暨崔太君行狀而益喻。嗟乎！自歐風東漸，家教之美幾絕，於是社會之風趨下，而國脈日微，愛國者宜思有以救之。民國七年三月、香山孫文。」（拾壹—一六）

至陳去病同志之母倪太夫人，守節盡孝，教子有方。　國父誌其墓碑曰：「節母之後無勿昌。」勉陳同志敦品立行，以達母之孝，堅持雅操，以彰母之節，毀家紓難，以葆母之義，親親博愛，以廣母之仁。是欲以其家族之懿德，擴充而至於國族也。墓碑文曰：

「中華民國五年八月，余再入浙，觀虎林山水，遂登會稽，探禹穴，修秋禊於蘭亭，泛娥江而東邁，從我遊者，二三子外，惟吳江陳子去病與焉。舟行多暇，每為余敍其母夫人倪節孝君之賢；余既聞而志之。及歸，因復以表墓之文請。去病能詞章，才名滿天下，瀧岡阡表，廬陵自優為之，不敏如余，尙烏庸綴。徒十年袍澤，患難同嘗，知去病者宜莫余若，爰為之言曰：**從古節母之後無勿昌**，子既自樹以振家聲，則昌大之說，信有徵矣，而余所尤望於去病者，當祇承先訓，敦品立行，以達賢母之孝；堅持雅操，勿歛於邪，以彰賢母之節；毀家紓難，無縱於欲，以葆賢母之義；親親博愛，物與民胞，以廣賢母之仁。夫如是而去病為人益用篤實，節母賢孝益以光輝，寧非顯榮其親之至計乎？不然，蹈履頗側，以危厥身，志慮苟且，以辱厥親，吾知雖甚盛德，亦勿蔭兹，夫又何恃而不恐懼也哉？旣以勗去病，遂書之石，俾過斯地者知矜式焉。」（拾貳—一四）

總裁　蔣公北伐剿匪，統一華夏，八年抗戰，卒獲勝利，以及此時作中流之砥柱，建復國之鴻基，遠慮深謀，豐功偉績，亦何嘗不受賢母王太夫人之薰陶訓誨有以致之。故　國父於民國十年祭王太夫人文中，譽其「慈愛異常母，督責如嚴師。」云。子承其教，擴而大之，自能由家族而及於國族也。祭王太夫人文曰：

「維中華民國十年十一月二十三日，孫文謹以清酌之儀致祭於蔣母王太夫人之靈前曰：嗚呼！文與郎君介石遊十餘年，共歷艱險，出入生死，如身之臂，如驂之靳，朝夕未嘗離失，因得略識太夫人之懿行。太夫人早遭凶故，恩勤辛苦，以撫遺孤，養之長，敎之成，今皆巖巖嶽嶽，爲人倫之表率，多士之規模。其於介石也，慈愛異常母，督責如嚴師，裁其跅弛，以其昂昂千里之資，雖夷險不測，成敗無定，而守經達變，如江河之自適，山嶽之不移。古有丸熊畫荻，文聞其語，未見其人；及遇介石，識其根器之深，毓育之靈，乃知古之或不如今。幸而見於今，復不令其上躋耄耋，長爲閨壼之儀型，是非特郎君輩所悼痛，亦足令天下聞之而失聲。嗚呼哀哉！尚饗。」（拾貳—一三）

國父復題王太夫人像贊，文曰：

「陟彼四明，名山蒼蒼，瞻彼南海，大風泱泱；中有賢母，儀式四方，厥生公琰。爲國之良。孫文敬題。」（拾貳—一二）

觀乎以上兩則，則　國父之欽敬王太夫人，已可見已。當民國十年王太夫人五十晉五壽時，國父祝以聯語，稱其豐約中節，履險如夷。則太夫人自非尋常之母，宜其有非常之子如　蔣公者。大學云：「家齊而后國治。」其是之謂歟。聯曰：

「素行乎豐約夷險；斯錫之福壽康彊。」（拾貳—一二）

第二目 孝之新釋

自來義烈之士，爲國捐軀，祇求死得其所，則心安理得，而遑顧其他。然爲人子者，痛乃父死事之慘，飾終之簡，不免悲從中來，思有以扶櫬歸葬，正其丘首，盡孝思而慰先靈。國父嘉之，惟所費不貲，故與朱執信同志首先捐助以爲倡，並勸諸同志本一生一死乃見交情之誼，慷慨解囊，共成義舉，斯亦全孝道之一助也。民國六年，國父與朱執信發起募助李萁歸葬費引，文曰：

「故友李君萁，字萁祁，號介齡，陽江人。素負大志，有奇氣，奔走國事十餘年，艱苦備嘗不稍懈；卒以乙卯秋殉於新寧、陽江毗連之紫蘿山。先是旅美洲、小呂宋、南洋各地，辦理同盟會事，至廢棄所業不顧。辛亥三月二十九日粵垣之役，偕黃克強先生出生入死，同人皆以爲勇。二次革命失敗後，君憤袁氏專橫，在新寧與陽江毗連之那琴，首倡義師，組織完善，乃竟死於是役。是役也，殉者數人，而君之死事尤慘。雖然烈士不忘喪其元，在君之志亦已遂矣；第同志等覩其身後蕭條，妻子孑然無依，雖經同志略爲資助，藉免饑寒，而其子伯振等痛厥考殉難新寧，蓬蒿藁葬，揆以附身附棺之義，首邱歸木之文，良用坎然。此則爲人子者之最深慘痛者也！今擬扶厥考櫬歸葬陽江，惟經費頗鉅，全仗籌措。玆由孫中山、朱執信兩先生提倡捐助，同人等知交有素，義重脫驂，是烏可恝然視之哉！語曰：一死一生，乃見交情。今介齡君長已矣，將惡乎用吾情！是在有以翼厥子、妥先靈、彰先烈，以風示來茲而已；豈非同志諸君所深許而樂爲解囊相助者乎？是爲引。民國六年二月穀旦、發起人孫中山等。」（拾貳—一五）

第四節　對己

第一目　明德

國父論政黨之發展，不以一時勢力之强弱爲進退，而視黨員智能道德之高下，以定其勝負。故政黨平日之行動，須合乎公理，應乎時勢，乃能得人民之贊同。至對待友黨，於商榷政見外，不可有意氣之爭，以損黨譽。國父之諄諄誥誡同志者，卽君子有諸己而后求諸人。亦卽在明明德之自意誠、心正、身修、家齊而后至於國治天下平。民國二年在國民黨上海懇親會演講「黨勢之盛衰全視黨員智能道德之高下」，詞曰：

「吾中華積數千年專制國之惡習，一旦改革，千端萬緒，不易整理；而今而後，立國大計，即首在排去專制時代之種種惡習，乃能發現文明國家之新精神，此亦國民不可不注意之事。吾國民黨現在國內能占優勢，固全恃乎群策群力，但政黨之發展，不在乎一時勢力之强弱，以為進退，全視乎黨人智能道德之高下，以定結果之勝負。使政黨之聲勢雖大，而黨員之智能道德低下，內容腐敗，則安知不由盛而衰。若能養蓄政黨應有之智能道德，即使勢力薄弱，亦有發達之一日。例如前清時代，吾革命黨勢力甚微，國人附和清政府者甚多，祇以同志諸公，抱定宗旨，誓死不變；吾黨主張之理論，又適應乎社會之需要，故不及十年，舉前清雷霆萬鈞之壓力，一掃而去之。由是觀之，黨勢之大小不必問，祇須問吾黨所主張之政策，及平日行動之能否合乎公理，能否與時勢相應。果所抱之政策正大明確，且得一般國民之贊同，雖千難百折，必可望最後之戰勝。至於對於他黨，除商榷政見而外，一切意氣之爭，匪特非所必要，且足損政黨之榮譽。」（捌—六一）

第二目 立志

人欲事業成功，必先立定志向，而後孜孜矻矻，朝夕精研，自能達成願望。昔范文正微時，嘗曰：「不為良相，當為良醫。」其立志即在濟人。 國父初亦習醫，繼乃奔走革命，不屈不撓，所志無非欲拯救人民，出水火而登衽席，卒使清廷覆滅，民國建立。故 國父勉人無論職業大小，官階高卑，各立其志，各盡其能，以仁義道德爲依歸，保持吾固有之文化，且日圖精進，爲全國之模範。民國五年，在杭州督署歡迎會演講「建設以修治道路爲第一要着」，詞曰：

「凡職業無論大小，官階無論高卑，若不能立志，雖做皇帝，做總統，亦無事可做。若能立志，則雖做一小官，做一工人，亦足以成大事。余嘗見有一西人日記，言杭州在五百年前之文明，爲當時歐洲所不見。吾甚希望諸君，不論職業大小，官階尊卑，各盡其力，以保守固有之文明，並日圖進步，爲全國之模範。諸君處此最有希望之浙江，必能共負責任，以慰全國之希望。」（捌—八七）

人旣貴乎立志，而所志應居仁由義，爲人羣謀幸福，古今中外歷史上有名之人物，不在於官位之高貴，而在於事業之成就。故　國父勗勉嶺南同學，要立志做大事，而不可想做大官。蓋想做大官者，如不能償其所願，則夤緣奔競，無所不至，尙何志之可言。故王子墊問孟子士何事？孟子曰：「尙志。」何謂尙志？曰：「仁義而已矣。」民國十二年在廣州嶺南學生歡迎會，演講：「學生要立志做大事不可做大官」詞曰：

「諸君現在受教育的時候，預想將來學成之後，有一種貢獻到社會上，究竟應該做些甚麼事呢？諸君現在還未畢業，知識不大發達，學問沒有成就，自然不能責備諸君，一定要做些甚麼事，但是在沒有做事之先，應該有甚麼預備呢？應該要注意甚麼事呢？依我看來，在這個時期之內，**第一件事是要立志**。立志，是讀書人最要緊的一件事。中國人讀書的思想，都以為士為四民之首，比農、工、商賈幾種人都要高一些。二、三十年以前的學生，他們有一種立志，就是在閉戶自讀的時候，總想入學、中舉、點翰林，以後還要做大官。我今天希望諸君的，不是那種舊思想的立志，是比那入學中舉點翰林做大官的志還要更大。中國幾千年以來，有志的人本不少，但是他們那種立志的舊思想，專注重發達個人，為個人謀幸福，和近代的思想，大不相合。近代人類立志的思想，是注重發達人羣，為大家謀幸福。用事實說，**我們中國青年應該有的志願，是在甚麼地方呢？是要把中華民國重新建設起來，讓將來民國的文明，和各國並駕齊驅。**我們現在的文明，都是從外國輸入進來的，全靠外國人提倡，這是幾千年以來從來沒有的大恥辱。如果我們立志，改良國家，萬衆一心，協力奮鬭做去，還是可以追蹤歐美。若是不然，中國便事事落在人後，永遠不能自己發達，永遠沒有進步。推其極端，中國便非淪於滅亡不可。所以現在的青年，便應該以國家為己任，把建設將來社會事業的責任，擔負起來。這種志願究竟是如何立法呢？我讀古今中外的歷史，知道世界上極有名的人，不全是從政治事業一方面成功的；有在政權上一時極有勢力的人，後來並不知名的；有極知名的人，完全是在政治範圍以外的。簡單的說，**古今人物之名望的高大，不是在他所做的官大，是在他所做的事業成功。**如果一件事業能夠成功，便能夠享大名。**所以我勸諸君立志，是要做大事，不可要做大官。**甚麼是叫做大事呢？大概的說，無論那一件事，只要從頭至尾，徹底做成功，便是大事。(下舉發現微生物的法人柏斯多，發明進化論的英人達爾文等，都是做大事而不是做大官之例）。……大家又知道，許多做大事成功的人，不盡是在學校讀過了書的，也有向來沒有進過學校，能夠做成大事業的。不過那種人是天生的長處，普通人要所做的事不錯，必要取法古人的長處才好。所以我們要進學校讀書，取古今中外人的智識才學，來幫助我做一件大事，然後那件大事，便容易成功。……總而言之，諸君現在學校求學，無論是那一門科學，像文學、物理、化學、農學，只要是自己性之所近，便拿那一門來反覆研究。把其餘關係於那一門的科學，也去過細參考，借用他們的道理和方法，來幫助那一門科學的發展，徹底考察，以求一個成功的結果。那麼，就是像中國的后稷教民耕田，法國柏斯多發明微生物對於動植物的利害，都是功德無量的大事。」（捌—一九二）

民國九年　國父序謝曉鐘君所著新疆遊記，譽其以財政部調查員之微職，而能奉公萬里，從事著述，引發國人以開闢此一廣大富源，其志誠足多也。觀於此，益以證做大事者，非必為大官也。序文曰：

「古人有言：「大丈夫當讀萬卷書，行萬里路。」予亦嘗勗同人曰：「有志之士，當立心做大事，不可立心做大官」。今讀謝君曉鐘之新疆旅行記，行路三萬餘里，記載數十萬言，述其足跡所經，觀察所及，以饗國人，使之知國境之內，尚有此廣大富源未經開發者，可為吾人殖民拓業之地，其興起吾國前途之希望，實無窮也。夫自民國創建以來，少年銳進之士，多汲汲於做大官，鮮留心於做大事者。乃謝君不過財政部一調查員，正俗語所謂芝蔴綠豆之官耳。然於奉公萬里，風塵僕僕之中，猶能從事於著述，成一數十萬言之書，以引導國人遠大之志，是亦一大事業也。如謝君者，誠古人所謂大丈夫哉！亦吾所欽爲有志之士也。讀其書畢，因喜而爲之序。」（拾貳—一二〇）

第三目　好善

建設難而破壞易，故締造一新政府，其艱辛困苦，不若推翻一舊政府之易易。蓋世界之進步無極至，國家之存在無止境，則政治之變遷亦無已時，所以欲日新又新，人一能之己百之，人十能之己千之，以迎頭趕上歐美文明各國之邁進，而後憑吾黨之公理，謀民生之幸福，自能得國民永遠贊同，而立於不敗之地。否則不知內憂外患之相逼而來，兢兢業業，取人之長，以補吾之短，其國未有不亡者，所謂物必先腐也而後蟲生之。昔舜帝取諸人以爲善，是與人爲善者也，使天下之人，皆以爲善相勸，此善之所以不可不好也。民國二年，　國父撰「國民月刊出世辭」有曰：「建設難而破壞易。破壞者，竭千百人之力以爲之，或數年，或數十年，未有不成功者；一旦舊政府推翻，則破壞之功竣矣。建設則不然，法美之革命，成功垂百年矣；然而今日法美之國民，仍盡力圖其國家之發展，而不稍倦焉，何也？世界之進步無極，國家之存在無止境，則政治之改良亦無已時也。子輿氏說：「無內憂外患者，國恆亡。」蓋以無內憂外患，則人皆以粉飾太平，不自謀其進步，而亡國乃隨之。物腐而蟲生，勢理然也。今吾黨既以鞏固中華民國、圖謀民生幸福爲務，則所欲鞏固者與圖謀者，皆永遠之業，非一時之事也。外瞻世界之大勢，內察本國之利弊，**以日新又日新之精神，圖民生之幸福，吾黨而永遠以公理爲目的，則自得國民永遠之贊同；非然者，雖今日成功，後日亦必失敗。**且歐美文明各國，其發達於如此者，非一日之力，實歷史上進步之結果也。今中華民國新出現於世界，即欲進至各文明國之程度，已非數十年不爲功。而數十年間，各國之進步，仍日新月盛也。必也學問事業，彼進一步，我進十步，夫然後乃得使中華民國確列於世界文明國之林。今國民既大贊同於吾黨，則提携國民而使之進步，實吾黨之使命也。此所望於吾黨人士者一也。」（拾貳一二）

第四目　進取

凡一事之成，必先經失敗，而後可以成功，故失敗之後，不可稍餒，應謹愼戒懼，再接再厲，以壯其氣，以堅其心，則事未有不成者。蓋失敗爲成功之母。民前四年，國父序日人池亨吉所著「支那革命實見記」，即以此策勵同志者。序曰：

「客歲以來，吾黨凡五舉事矣。潮州之軍，不旋踵而蹶，惠州繼起，視前爲勁，至於欽廉則又進矣。鎭南關之役，其勢倍於欽廉，最近湖口之師，則又足掩前者。由斯以言，吾黨經一次失敗，則多一次進步。然則失敗者，進步之原因也；蓋失敗而隳然氣盡，其不搖落者幾希矣。惟失敗之後，謹愼戒懼，集思補過，折而愈勁，道阻且長，期以必達，則黨力庶有充實之時。歷觀前事，足以氣壯。此固吾黨之士所宜以自策勵，卽池君作書之本旨亦不外是。書此以質池君，並以質讀池君之書者。戊申六月、孫文逸仙拜撰。」（拾貳—四）

第五目　有恆

天下之事，不如人意者十常八九，惟能持之以恆，堅忍耐煩，勞怨不避，自能期其有成也。孔子謂：「爲山九仞，未成一簣，止、吾止也」。孟子謂：「掘井九仞而不及泉，猶爲棄井也。」此皆勉人之宜有恆心，不可半途而廢也」。國父於民國十一年十一月勗　蔣公堅守福州書曰：「頃見兄致展堂，季新書，有十日內如毫無進步，則無可如何等語。吁，是何言也。吾不能親身來閩，而托兄以討賊之任，兄何能遽萌退志如此？夫天下之事，其不如人意者固十常八九，總在能堅忍耐煩，勞怨不避，乃能期於有成。若十日無進步，則不願幹，則直無事可成也。就如來信云；子蔭當來滬，此事已不成問題，則內部之大難題，已得解決，則進步爲極大矣。其他紛繁小故，何足介懷？縱我無進步，而敵則日日退步，如敵軍將士之日有覺悟也，敵人之團體日形瓦解也，百粤人心之恨彼日甚也，思我日深也，此則日日之無形進步也。由此以觀，我能堅持，便等進步矣。故望兄切勿稍萌退志，必期達滅陳之目的，而後乃能成一段落。非然者，則必百事無成也。」（玖—五六九）

伐罪弔民，爲本黨之革命目的。乃民國建立十三年來，軍閥橫行，政孳肆毒，名曰共和，實則甚於專制。故　國父望同志旣以黨義奮鬭於先，尤應以毅力堅持於後，悉心黨務之進行，從事餉款之爭取，使革命得以完成。否則將如易所謂：「不恆其德，或承之羞」矣。民國十三年，「復彭世洛分部同志曁卓承業郭南唐勉繼續努力黨務籌集餉項函」曰：

「夙仰諸君熱心黨務，迭次討賊，卓著勳勞。操算運籌，慨助鉅款。崇德令譽，久已遠近昭彰矣。惟本黨主義，伐罪弔民，國賊一日未除，則仔肩不容苟卸，自民國十三年來，龍蛇羣動，戰血玄黃。**名則號曰共和，實則甚於專制**。邇更軍閥橫行，政孳肆毒，生民憔悴，舉國徬徨，不有救濟，勢必淪胥以滅也。諸君**旣以黨義奮鬭於先，尤望以毅力堅持於後**。今後黨務之策劃，與餉項之運籌，仍請繼續努力。**他日成功，有衆叨德**，豈獨文個人與本黨之幸也耶。」（玖—六三九）

第六目　樂觀

革命事業，既宜持之以恆，尤須抱樂觀態度，信其必能成功。蓋樂觀爲成功之源，悲觀爲失敗之因，故事業以樂觀之活動而成，而活動則以堅忍爲要素，而堅忍之毅力，復基於樂觀之精神有以致之，此 國父所深望於吾黨同志者也。民國二年， 國父撰「國民月刊出世辭」文曰：「**樂觀者，成功之源；悲觀者，失敗之因**。吾人對於國民所負之責任，非圖謀民生幸福乎？民生幸福者，吾國民前途之第一大快樂也；既然矣，則吾人應以樂觀之精神，積極進行之，夫然後民生幸福之目的可達，而吾人之希望乃有成也。苟稍懷悲觀，則流爲厭世，而成自暴自棄之徒。夫吾人既負擔圖謀民生幸福之責，則應知前途有最大之快樂在，雖有萬苦，亦堅忍以持之。中國國民之性質，其最大之弊則爲悲觀。自命高尚者流，閉門謝客，笑罵當世以爲得，而熱心之極者，更往往有跳海沉江，捐生棄世焉。夫事業以活動而成功，活動以堅忍爲要素，**世界萬事，惟堅忍乃能成功**。必有樂觀之精神，乃有堅忍之毅力，而後所抱持之主義，乃克達其目的焉。民國方成，如日初昇，圖謀前途之大幸福，吾黨之責也。此吾之所望於吾黨人士者二也。」（拾貳—一二）

人之所以樂觀者，以前程有光明可求也。求光明而互相扶助，則能合弱以禦强，求光明而增進知識，則能趨利而避害，故光明實爲知識之泉源，亦爲互助之先決條件。方今共匪竊踞大陸，使我同胞，困處於黑暗生活中，迨我一旦反攻，全民響應，則陰霾盡去，而光明自現矣。民國九年， 國父撰「大光報年刊題詞」文曰：

「光明之為人類所愛也，實為有生俱來之本能之發動，不假教導而能者也。推其所肇，蓋以人類由動物之有知識、能互助者進化而成；當其蒙昧，力不如獅虎牛馬，走不如犬兎，潛不如魚介，飛不如諸禽，而猶得自保者，能互助，故能合弱以禦强，有知識，故能趨利而避害也。夫趨避之事，以能知為前提；而動物之所恃以知者，第一為光明。惟有光明，故於猛獸之來襲，可以力禦之，可以智避之也；於自然之景象，孰可利用，孰能為阻碍，可得試驗而知也。惟有光明，故人與人可以相識相親，而後互助之實可擧也。故光明者，智識之源泉，互助行為之先決條件也。」（拾貳—一九）

第七目　合羣

國父論本黨建立之難易，以興中會時為最難，論事功之盛衰，則以同盟會時為最盛。當本黨改組為中華革命黨，亦望如同盟會之有成，是則全賴於同志之羣策羣力，淬勵互助，而後志同道合，始能利物成務也。國父當年在澳洲對「國民黨懇親大會致辭」曰：

「吾黨肇建，自與中會以迄今日，廿餘年矣。中間三變，始有與中會，時黨員極稀，外界壓迫極大，以極少之同志，戰極大之壓迫，以求達最大之目的，其難可知也。自與中會而為同盟會，則加盟者愈多，所受外界壓力較少矣。由同盟會而為國民黨，人愈多，所受外部壓迫更少。二次革命敗後，國民黨渙散，而中華革命黨始生，其地位又有似於同盟會初建時，海外同志以中華革命黨之精神，支持國民黨之名義，以至今日。夫以人數論，則國民黨初起時爲最盛矣，而論其功業殆無可徵。同盟會時，以人論雖少遜，而其功業概非他時代可及。中華革命黨成立後，庶幾復其舊觀。論黨員結合之固，信服主義之篤，趨事之勇，與中會之少數人，已爲卓絕；然而成功猶有待於同盟會，甚矣羣策羣力之足恃也。而其結合雖日多多益善，其各黨員相互感情之密接通洽，有如兄弟父子，實爲同盟會之精神。國民黨所以初見渙散，中華革命黨所以能復振，亦以黨員相互感情之親疏異也。由是觀之，欲以一黨謀中國之幸福，先須各黨員日淬勵其互助之精神，而導之向於同一之目標，可無疑也。」（拾貳—三四）

第八目　負責

國父勉同志負責之言曰：「勞怨不辭，毅力奮鬬」，如是，方可以擔當國家大事也。民國十二年，國父致許崇智派古應芬宋子文追往港滬代爲挽留回粵函曰：

「汝爲兄鑒：敗時我責兄之重，則知勝時我愛兄之深也。此次轉敗爲勝，全賴兄之神勇，而追擊又在各軍之先，我之喜慰，何可言喻。乃兄忽而引去，殊令我無所措手足。玆特派古湘芹、宋子文追往港滬，代爲挽駕。務望卽日言旋，同肩大任。況粵局非兄莫能收拾；而革命事業，非粵無由策源。故兄之職責，自非一時一地之關繫，實國家百年大計之所賴也。**必當勞怨不辭，毅力奮鬪**。至盼，至盼。孫文，十一月廿二日。」（玖—六三四）

又勉盧燾小挫不足為累並盼晤談函曰：

「劉俊三君賫來手書，並為道近況，藉悉壯懷猶昔，深為感佩。兄本長才，可期多助，**一時小挫，不足為大賢累**，幸努力為國奮鬪，苦心人天不負也。吾輩神交已久，迄無緣一面，白水蒼葭，不勝遐想。倘便道枉存，一傾積愫，實所欽遲。」（玖—六〇〇）

第九目　克己

陳逆炯明之變，　總裁蔣公奔粵赴難，日侍　國父左右，籌劃平亂軍事。嗣奉　國父離粵赴滬，著「孫大總統廣州蒙難記」。敍述當時之危急情形。　國父序其篇首，有「乏知人之鑑，不及預寢逆謀，而卒以長亂貽禍」之語。其克己自責，溢於言表。而對　蔣公之見危授命，能共生死，尤贊歎不已也。　國父撰蔣中正著孫大總統廣州蒙難記序文曰：

「陳逆之變，介石赴難來粵，入艦日侍余側，而籌策多中，樂與余及海軍將士共死生。茲紀殆為實錄，亦直其犖犖大者；其詳乃未遽更僕數。予非有取於其溢詞，僅冀掬誠與國人相見而已。予乏知人之鑑，不及預寢逆謀，而卒以長亂貽禍，賊餤至今為烈！則茲編之紀，亦聊以志吾過。且以矜吾海軍及北伐軍諸將士之能為國不顧其私，其視於世，功罪何如也。民國十一年雙十節、孫文序於上海。」（拾貳—二五）

第十目 守法

國家於鼎革之際，其一切行動，似可通權達變，迨變亂已定，秩序恢復，亟宜勞來安集，以慰人心，故無論軍隊官廳，對於人民財產，皆應善為保護，以守法紀而盡職責，不可憑恃權勢，無故查封，招人民之怨尤。蓋一夫不獲，公僕有責也。民國元年， 國父令飭陸軍內務兩部飭令所屬嗣後查封房屋及借用民房辦公應咨南京府知事查明，文曰：

「據南京府知事呈稱：『竊維民胥望治，閭閻首貴保安，官有專司，政令必須統一。當京畿光復之初，各軍隊封存房屋，作為辦公駐軍之用者，不過一時權宜之計，原非得已。今秩序日漸恢復，亟宜力圖治安，凡假托名義擅自查封房屋、搜抄家產諸弊端，必須切實防杜。知事職司行政，視事伊始，凡對於江寧、上元兩縣人民之財產，自當首先完全保護，何敢瞻徇玩忽，至使地方於干戈之後，再有擾害之虞。玆為公安起見，理合呈請大總統鑒核，俯賜通飭各部暨駐寧各軍隊，嗣後如遇有查封之房屋及借民房辦公者，可分別飭咨知事就近派員查明發封，以安人心而維大局』等情前來。查財產之重，等於生命，光復之始，大敵當前，軍情危迫，對於人民財產，保護或不無疏虞，徵取亦多無限制。現在南北統一，革命事業完全告成，勞來安集，諸待經營，一夫不獲，公僕有責，該知事所請，甚爲切要之圖，應卽照准，合行令仰該部遵照辦理可也。此令。」（拾—二九）

第十一目　正名

官署職員，爲人民公僕，今既政體共和，一律平等，以前官僚稱謂，不再適用，應改稱官職或以先生稱之。蓋官廳乃治事之機關，職員乃人民之公僕，改易稱謂亦理所當然耳，此卽正名之謂也。民國元年，　國父「飭內務部通知各官署革除前清官廳稱呼令」，文曰：

「官廳爲治事之機關，職員乃人民之公僕，本非特殊之階級，何取非分之名稱。查前清官廳視官等之高下，有大人、老爺等名稱，受之者增慙，施之者失體，義無取焉。光復以後，聞中央地方各官廳漫不加察，仍沿舊稱，殊爲共和政治之玷。嗣後各官廳人員相稱，咸以官職；民間普通稱呼，則曰先生、曰君，不得再沿前清官廳惡稱。爲此令仰該部遵照，速卽通知各官署，並轉飭所屬咸喻此意。此令。」（拾—二九）

第十二目　求仁

今日軍人之責任，在於改造國家，使成爲一新世界，故軍人應有不成功便成仁之決心，以實現其責任。國父於民國十年十二月，在桂林出發北伐時，作此沉痛之訓詞，勉滇、贛、粵軍共下決心，忠勇奮發，殺身成仁，使革命得以成功。民國十年，在桂林對滇、贛、粵軍演講軍人精神教育詞曰：

「決心：㈠成功；㈡成仁。軍人生在今日，有改造國家之責任。改造國家者，質言之，卽造成新世界。於破壞之後，加以建設之謂。負此責任，全在吾人之決心。決心於何見之？在夫精神。精神者，革命成功之證券及擔保也。軍人精神，前已言之。第一之要素爲智，能別是非，明利害，識時勢，知彼己；然後左右逢源，無不如志。第二之要素爲仁，而所以行仁之方法，則在實行三民主義。此三民主義，亦卽與美國總統林肯所言民有、民治、民享之說相通。第三之要素爲勇，軍人須具有技能，始能應敵，而又須明於生死之辨，乃不至臨事依違，有所顧忌。此三者，爲軍人精神之要素，欲使之發揚光大，非有決心，不能實現。但所謂決心者，須多數人決心，合羣力羣策而爲之，非少數人所能集事。諸君要知此次出發桂林，尙須奮勇前進。雖曰桂林山水甲天下，非以此爲安居樂業之地，將欲改造新世界，以求一勞永逸始可。因此所生之結果有二：一曰成功，二曰成仁。所謂成功成仁者，乃驚天動地之革命事業！吾人何爲而革命，將在造成安樂之新世界，期其成功。不成功，毋寧死，死卽成仁之謂，古之志士有求之而不可得者。此次諸君，隨本總統出發，從事革命事業，非成功，即成仁，二者而已，成功則造出莊嚴華麗之國家，共享幸福。不成功，則同拼一死，以殉吾黨之光輝主義，亦不失爲殺身成仁之志士。雖然，均一死也，有泰山鴻毛之別。若因革命而死，因改造新世界而死，則爲死重於泰山，其價値乃無量之價値，其光榮乃無比之光榮，惟諸君圖之！」（捌一一四六）

「此次革命爲順天應人之事業，必能成功，前已言之。設若不成功，則如何耶？古人有云：『濟則國家之靈，不濟則以死繼之』。死者，卽仁是也。成仁而死，極有偉大之價値，縱使前仆後繼，犧牲多數人之生命，而能博得眞正共和，卽亦無所吝惜。是在立定決心，從事革命，成功而後，非獨公衆之福，抑亦私人之利。試擧一例：舟在大洋，觸石將沉，乘舟者若不協力救助，猶自點檢行李，試問舟果沉，行李尙能獨存乎？吾人對於國家，亦卽如是，坐視其亡，將無立身之地。救亡之責，端賴軍人。今者，諸君將由桂林出發，其所取之途徑，卽不外成功與成仁二者。一言以蔽之曰，決心而已！決心則能發揚軍人之精神，造成光輝之革命，中華民國國家實利賴之。諸君勉乎哉！」（捌一一五〇）

袁世凱之爪牙淞滬鎭守使鄭汝成，助桀爲虐，阻吾革命，卒爲黨中志士轟斃。當志士就逮時，且行且語曰：「吾志已成，雖死無憾。」其求仁而得仁之氣概，誠足風已。

國父於蔡濟民同志死事之慘，深爲痛憤，以爲必使正義伸張，始有是非公道可言。爰分函施南、柏文蔚、吳醒漢諸同志，希共斟酌圖之，爲成仁者伸憤雪寃也。時爲民國八年，分致施南柏文蔚吳醒漢聲討謀害蔡濟民罪魁函曰：

「此次蔡又香兄死難之慘酷，凡在吾黨皆爲深痛。頃諸同志之來滬者，皆欲文與兄等共籌爲又香兄伸憤雪寃，以彰公道。文以爲此時國事混沌，正義不昭，復有何是非公道可言。若首謀罪人證據旣確鑿無疑，兄等力如能及，則聲罪致討，加以懲治，或視空言責難爲有益。尊處聞見較詳，尙希斟酌圖之。此頌戎祉。孫文，四月二十二日。」（玖—四一六）

當陳炯明叛變後，海軍總長湯廷光忽進和平之議。國父告以專制時代，君主尙有死社稷者，至共和時代之總統，爲國家而死，分所應爾。至眞正和平，如能於義不悖，無不樂從也。蓋和平爲　國父所素願，然不能不顧大義耳。　國父有殺身以成仁，無求生以害仁之精神，故能作此言也。民國十一年，朂湯廷光函曰：

「本總統設行營於長洲，本欲暫避敵鋒，以候國民之公斷；乃對方迫人太甚，幾致於無地可容。夫當專制時代，君主尙有死社稷，共和時代總統死國家，分所應爾。乃總長忽有趨進和平之說，如有於義不悖，無不樂從。此事請與湘臣、燮丞、公續、麗堂四君籌妥辦法，以達眞正和平，大局幸甚。」（玖—五三七）

第五節　對人（人與人相處之道）

第一目　至誠

宣傳之目的，不僅使民衆能知，而欲使民衆因知而感化，對吾黨之三民主義，心悅誠服而力行之，方爲此時救國之要圖。然如何能感化民衆，此在宣傳者言出至誠，深入民心，則民衆自能深受感化。所謂：「至誠而不動者，未之有也。不誠未有能動者也。」故宣傳之第一條件，即須有至誠之心，乃能收宣傳之效。民國十三年，　國父在廣州國民黨宣傳講習所開學詞曰：

「我們宣傳的目的，是在甚麼地方呢？你們將來出去宣傳，祗要給民衆知道三民主義的意思，這就算是宣傳有了結果嗎？這可算是宣傳的目的嗎？專就平常的宣傳而論，自然是要令人知，令人曉。但是這不能算是我們的目的，不能算是我們的結果。我們的目的和結果，究竟是在那裏呢？諸位同志在這講習所內來學習，本是要求知，**我們求知，實在不是我們的目的，這不過是一種方法。至於我們宣傳主義，不特是要人知，並且要感化民衆，要他們心悅誠服**。我們若果能感化民衆，民衆能够心悅誠服，那纔算是我們宣傳的結果，那纔算是達到了我們宣傳的目的。若是徒然知得而毫不被感化，便是毫無結果。沒有結果，便不是我們的目的。要感化人，那纔算是宣傳的目的。諸位同志要知道學到了種種方法之後，還要以感化人做結果和目的。我們既然知道感化人就是最大的目的，想達到這最大目的，必要有資料。

我們究竟要有甚麼資料呢？我們如果能夠學得許多學問，又能夠用口才去做宣傳的工夫，就能感化人嗎？**學問和口才，本來是宣傳的方法**，如果要能夠感動人，究竟以甚麼爲最重要呢？這種重要點，我們今晚便要明白，如果不明白這一點，收效便不容易。這一點究竟是甚麼東西呢？**我們要感化人，最要緊的，就是『誠』**。古人說：『至誠感神』。有了『至誠』，就是學問少，口才拙，也能感動人。所以『至誠』有最大的力量。若是我們在宣傳的時候，沒有『至誠』的心思，便不能感化民衆。有『至誠』的心思，無論甚麼人，都能夠感動。所以各位同志在講習所要學宣傳的方法，第一個條件，便要有誠心。要誠心爲革命來奮鬪，誠心爲主義來宣傳，要以宣傳爲終身絕大的事業；存『至誠』的心思，要能夠犧牲世界一切權利榮華，專心爲黨來奮鬪。如果各位同志，能夠這樣爲黨來奮鬪，我們的事業便能大告成功。」（捌—二六五）

宣傳固貴乎至誠，而謀國者尤不可不有誠意。蓋意誠而后心正，心正而后身修，心旣正則不萌惟利是圖之念，身旣修則不作殘民以逞之擧，乃能刑於寡妻，至於兄弟，以御於家邦。蓋家旣齊而國亦自治矣。否則未有不誤國者。此治平之至，尤以意誠爲首要也。

故　國父祝僑居古巴同志懇親會之電文，勉竭「爲公奮鬪」之志，濟以「至誠相孚」之誼，則艱虞自不難解除矣。

至同志之盡瘁國事，始終不渝，而非議之來，間有不能自白者，因而壯志消沉，不圖振奮。

國父輒勗以努力建功，證明心迹。蓋作事豈能盡如己意，但求問心無愧，斯已可矣。灰心爲失敗最大之因，必須愈勵精神，克服險阻，以實現吾之素抱，何畏此十目所視，十手所指乎。大學所謂「誠其意者，毋自欺也。」民國十二年， 國父勉關建藩爲國奮鬬函曰：「國難頻年，我同志或以時地之因緣，從多方面分途作事，雖此志終始不渝，而跡近嫌疑，類招非議，此中情隱，難冀共明，惟至得當時機，則努力襄建事功，證明心迹，斯是非終得大白也。在同志繩準交施，或憎多口，然不磷之質，正賴磨礱。吾兄奔走多勞，當事已皆深悉。際此國家多故，吾人正須爲國奮鬬，以達最後目的，幸勿灰阻，致戾初衷。蓋惟詰難者愈多，而乃愈不得不奮厲精神，實現素抱。**古之言修養者，取資於十手十目**，文意極願兄如是觀也。」（玖—五九二）

所以吾黨同志之一言一行，務必出自眞誠，以取信於國人。乃民國十三年間，某黨借吾黨名義以招搖，某君問 國父將何以處之？ 國父坦然答曰：「他人冒牌，乃爲我作不花錢之宣傳，何樂而不爲。」蓋誠僞之分，日久必見，正不必斤斤計較也。民國十三年十一月二十日北上過滬時，在寓所與青年黨員談話，有如下之問答：

某君問：「近有某黨假借本黨名義，及破壞本黨等情，應如何對付？」 先生笑答：「某黨不敢公然獨行，乃假冒本黨之名者，**足見本黨牌子之老而能受人信仰**。吾等萬勿因彼輩冒牌卽懷妬恨，我意惟恐其不假冒，君不見今日市上老牌子之巨肆乎？假冒愈多，則彼牌子亦愈

響。如此不花錢之宣傳，吾等又何樂不爲哉！」（拾壹—五六）

第二目　禮讓（謙遜附）

國父於民國締造之始，經十七省代表公選爲臨時大總統。至臨時政府組織大綱，則仿照美國制，以大總統行使政權，參議院行使立法權。參議院由各省都督府選派參議員三人組成之。國父於宣誓詞中，有「至專制政府既倒，國內無亂，民國卓立於世界，爲列邦公認，文當解臨時大總統之職」等語。故俟清帝退位，國父卽咨臨時參議院辭職。其禮讓爲國，誠有堯舜之遺風焉。咨文曰：

「本總統以爲我國民之志，在建設共和，傾覆專制，義師大起，全國景從，清帝鑒於大勢，知保全君位必然無效，遂有退位之議。今既宣布退位，贊成共和，承認中華民國，從此帝制永不存留於中國之內，民國目的亦已達到。當締造民國之始，本總統被選爲公僕，宣言誓書，實以傾覆專制鞏固民國，圖謀民生幸福爲信誓。至專制政府既倒，國內無變亂，民國卓立於世界，爲列邦公認，本總統卽行辭職。現在清帝退位。專制已除，南北一心，更無變亂，民國爲各國承認，旦夕可期，本總統當踐誓言，辭職引退。爲此咨告貴院，應代表國民之公意，速擧賢能，來南京接事，以便解職。」（拾—三二）

國父旣辭臨時大總統。又通令文武百官，訓勉公忠體國，親愛團結，奮發有爲，宣揚國光。蓋國父身雖引退，猶以國事爲念，故臨行作此諄諄誥誡也。其救世濟民，進退爲國之心，實與日月同昭矣。當時通令曰：

「臨時大總統孫令：前由參議院議決統一政府辦法第六條，孫大總統於交代之日，始行解職。今國務總理唐君南來，國務員已各任定，統一政府業已完全成立，於本月初一在南京交代，本總統卽於是日解職。用是宣布周知，此後中國一切政務，悉取決於統一政府，本府各部辦事人員，仍各照舊供職，以待新國務員接理，勿得懈忽，致多曠廢。本總統受任以來，慄慄危懼，深恐弗克負荷，有負付托；賴國人之力，南北一家，共和確定，本總統藉此卸責，得以退逸之身，享自由之福，私心自慶，無以逾此。所願吾百僚執事，公忠體國，勿以私見害大局；吾海陸軍士，謹守秩序，勿以共和昧服從；吾五大族人民，親愛團結，日益鞏固，奮發有爲，宣揚國光，俾吾艱難締造之民國，與天壤共立於不朽。本總統雖無似，得以公民資格，勉從國人之後，爲幸多矣。此令。中華民國元年四月初一日令」。（拾—六四）

國父之淡泊爲懷，不計名位，有如上述。乃袁世凱以小人之腹，度君子之心，授以大勛位，國父堅辭不受，電促收回成命，中有「素持平民主義，不欲於社會上獨占特別階級」之語。則國父之敝屣尊榮，高風亮節，誠足爲世範也。電文如下：

「北京袁大總統鑒：奉眞電，特授文大勳位，無任悚惶。去歲民軍起義，東南十餘省已次第光復，文甫歸自海外，其時因國內同胞感情尚有隔閡，須急謀統一，組織臨時政府，勉從衆議，承乏南都。後賴我公以救國決心，力全大局，幾經艱苦，乃有今日，文始終因依其間，實無功可述。今承大命，特授殊榮，中夜捫心，適以滋愧。且文十餘年來，素持平民主義，不欲於社會上獨占特別階級，若濫膺勳位，殊與素心相違，務乞鑒玆微悃，收回成命，實深感荷。孫文。」（玖—一七三）

民國七年七月，軍政府改組，易大元帥制爲總裁合議制。 國父被推爲七總裁之一，以其時是非混淆，動輒得咎，因舉老氏「常欲後人」之言，以示古今一理，而決心辭去總裁之職也。復劉定五函曰：

「得書承注，諄諄囑言，弟之遄來滬上，亦即此義。至就職問題，初無成見。唯當玆是非混淆之時，質直者動輒得咎，**老氏所謂常後人者，亦可見古與今不甚相遠也**。居、焦兩君交來證書，業經收受，希釋雅懷。尚望與同志諸君爲國奮鬭，不盡欲言。」（玖—三八一）

第三目　忠恕（寬厚附）（知人附）

凡爲國事而建立之團體，其組成份子，應消除私見，團結一致，以示忠於團體，恕其同人，而後羣策羣力，猛向前進，則國事自足爲矣。民國四年，國父復葉獨醒函曰：

「六月二十日手書，誦悉壹是。足下熱心為國，奔走運動，不遺餘力，至為感佩。國步艱難，民賊逞惡，吾人於此，惟有一致猛向前進，**黨內手足，豈復有意見之可言**。足下能見其大，力予消融，竟收良果，甚可喜也。許君等亦有書來報告，併詳述厚誼，無任慰謝。」（玖—二三四）

國父之恢宏大度，如天地之無不持載，無不覆幬，故若楊坤如、李雲復輩，前曾圍攻公府，欲害 國父者，猶且許其自新，任之不疑，其他更無論矣。蓋 國父以為能忠於黨之主義，雖仇亦可以為友也。民國十二年，勉溫樹德服從主義函曰：

「李屏華君來，獲誦惠書，肫摯可感，文已迭電詳復，想邀諒察。文常以為天下事，當與天下豪傑共之，苟忠於文之主義，雖仇可友，如楊坤如、李雲復之流，**皆嘗圍攻公府，謀賊吾命，文近猶許其自新**，任之不疑。況兄與文並無如楊李之深仇，而往年岑、莫秉政，兄為文砲擊觀音山之義舉，文至今固未嘗一日忘也。務望勉勵前修，勿為敵所間。文定某日啓程來粵，與兄等共同商善後。良覿匪遙，特先佈臆。藉頌第綏不具。」（玖—六一一）

是以東江叛軍，苟能辨順逆而來歸， 國父無不許以自新。或率部赴閩，以為浙奉聲援，亦可以功自贖，網開三面，待人寬恕，誠不讓周文之仁德也。致東江叛軍許其自新電曰：

「東江叛軍，抗命經年，此時若能深思順逆之辨，**翻然悔悟**，相率來歸，本大元帥當**許其自新**。否則徑率所部，馳赴福建，以為浙奉聲援，亦必許其以功自贖。茲特命東江征討諸軍撤

惠州之圍，並停止各路進攻，以示網開三面之意。內靖鄉土，外捷狂寇，時不再得，法不再寬，凜之毋忽。」（玖—六四五）

至沈鴻英發動江防司令部會議之變，謝文炳等願率部嚮義。　國父曉以「從前種種，譬如昨日死，以後種種，譬如今日生。」促速進剿沈逆，阻其與贛南北軍會師，免遭腹背受敵之患。國父之不咎既往，爲人計謀，無不以恕道出之也。復謝文炳等速剿沈賊函曰：

「唐鑄携來手書，藉悉足下與該軍將士嚮義各情。頃復據醉生來滬，詳述一切，熱誠毅力，實堪嘉許。足下與諸將士從此與文一心，相維終始，欣慰何極。昔賢有言：『**從前種種，譬如昨日死；以後種種，譬如今日生。**』文甚願與君等共守斯旨，時相惕勉。沈鴻英逆跡已著，今雖退駐北江，實欲與贛南北軍聯絡，在我非速圖剿滅不可。望即查照前電，邀擊勿失，遲則彼與駐贛北軍合，君等腹背受敵，危矣。詳情由醉生面述。孫文。」（玖—六〇九）

若夫同志間發生誤會，　國父必詳爲解釋，弭患無形。且告以彼此交深，相知有素，自非人言所可離間。至背叛之徒，力促及早戡平，絕其禍根，則枝節自少。此　國父教人與人相處之道，宜隨時有所諒解也。復張啓榮詢滇桂軍已否攻粵函曰：

「來函均接閱。本月十日十二日兩惠書及競生密函，亦已領悉。張部滇軍多勞擘劃，至爲感佩。文與藻林，競生相知已久，決非蜚語所能入。港中辦事人多方接洽，想或別具苦心，人事至雜，要未可以一格相繩。所冀吾黨志士各竭力之所到，俾滇、桂軍早戡粵亂，勿逸良

機，禍根一除，枝節自少；否則築室道謀，爲敵所乘，禍變之來，恐有非今日所能想像者。」（玖—五七七）

國父對於　總裁蔣公，譽其勇敢誠篤，可與朱執信同志媲美，而知兵則又過之。並勸其爲黨負重大責任，不妨强抑己見，降格以求，而毋嫉俗過甚，此亦寬恕之道。愈以見　國父知人之明也。民國九年，爲信托陳炯明回粤致蔣中正函曰：

「介石我兄惠鑒：競兄此番回粤，實擧全身氣力，以爲黨爲國，吾人亦不惜全力以爲競兄之助，同德同心，豈復尋常可擬，我望競兄爲民國元年前之克强，爲民國二年後之英士，我卽以當時信托克强、英士者信托之。我所求者，惟期主義政策，與我一致，卽我所謂服從我三十年來共和主義，而豈若專制之君主，以言莫予違爲得意耶？兄與英士共事最久，亦知我所以待英士矣。兄不妨以我之意思，盡告競兄也。執信忽然殂折，使我如失左右手。計吾黨中知兵事而且能肝膽照人者，今已不可多得。**惟兄之勇敢誠篤，與執信比，而知兵則又過之**。兄性剛而嫉俗過甚，故常齟齬難合，然爲黨員負重大之責任，則勉强犧牲所見，而降格以求，所以爲黨，非爲個人也。兄以爲然耶？否耶？專復，卽頌近安。孫文。」（玖—五〇五）

第四目　以德服人

孔子周遊列國，祖述堯舜，憲章文武，是宣傳中國傳統文化，使時君施行仁政，重振周室。然而道卒不行，乃刪詩書，著禮樂，作春秋，以此道統傳諸後世，欲執政者之服人，不以武力而以德澤。至佛教耶教之傳播，亦莫不宣傳其道，欲人去惡而爲善。惟宗教之主義，重在助人爲善，尋求永生，難免虛空，不若吾黨三民主義之以改革政治、經濟、社會爲目標，較切實際。但改革政治之方法有二，一爲武力，一爲宣傳，以武力改革政治者，無不偏於自私自利，獨裁專制之途，以宣傳改革政治者，闡釋主義之要旨，如何達致民治、民有、民享，使人民聞而心悅誠服，樂於順從。故 國父以爲欲革命成功，應用九分宣傳，一分武力。蓋主義深入人心，潛移默化，自能收衆志成城，有志竟成之效。此卽孟子所謂「以德服人者，中心悅而誠服也。」民國十二年，在廣州對黨員講國民黨奮鬭之法宜兼注重宣傳不宜專注重軍事。詞曰：

「我們用已往的歷史證明起來，世界上的文明進步，多半是由於宣傳。譬如中國的文化，自何而來呢？完全是由於宣傳。大家都知道中國最有名的人是孔子，他周遊列國，是做甚麼事呢？是注重當時宣傳堯、舜、禹、湯、文、武、周公之道。他刪詩書，作春秋，是爲甚麼事呢？是注重後世宣傳堯、舜、禹、湯、文、武、周公之道。所以傳播到全國，以至於現在，便有文化。今日中國的舊文化，能够和歐美的新文化，並駕齊驅的原因，都是由於孔子在二千多年以前，所做的宣傳工夫。再像佛教，自印度流行到亞洲全部，信仰的人數，比那一種教都要多些，都是由於釋迦牟尼善於宣傳的效果。再像耶穌教，從前自歐洲傳到美洲，近代傳到亞洲，流行於中國，世界上到處都有他們的教堂，這樣普遍的道理，也是由於耶穌教徒善於宣傳。宗教之所以能够感化人的道理，便是在他們有一種主義，令人信仰。普通人如果信仰了主義，便深入刻骨，便能够為主義去死。因為這個原因，傳教的人，往往為本教奮鬪，犧牲生命，亦所不辭。所以宗教的勢力，比政治的勢力，還要偉大。我們國民黨的革命道理，是要改革中國政治，實行三民主義和五權憲法。我們的這種主義，比宗教的主義，還要切實。因為宗教的主義，是講未來的事，和在世界以外的事。我們的政治主義，是講現在的事，和人類有切膚之痛的事。宗教是為將來靈魂謀幸福的，政治是為眼前肉體謀幸福的。說到將來的靈魂，自然是近於空虛，講到眼前的肉體，自然有憑有據。那麼，宗教徒宣傳空虛的道理，尚可收到無量的效果，**我們政黨宣傳有可憑據的道理，還怕不能成功嗎？要政治上切實的道理實行出來，統共有兩種方法：一種是用武力，壓迫羣衆，壓迫去行。中國古時政治變更，大多數都是用這種方法。一種是靠宣傳，使人心悅誠服，情願奉令去行。**這種方法，在中國歷史上不多見。中國實行改革政治的人最大的毛病，都是自私自利，許多英雄豪傑，都想要做皇帝，從前創成獨裁制不專用武力的，只有湯武革命。他們始初用七十里和百里的地盤做根本，造成良政府，讓全國的人都佩服。所以後來用兵，一經發動，便東面征而西夷怨，南面征而北狄怨，全國人都是很歡迎的，不專用兵力，便統一了中國。他們當初要造成良政府，讓人佩服的事業，便是注重宣傳。後來全國人歡迎，不和他們反抗，便是因為受過了宣傳。所以當時中國人民，便享幾百年幸福。後人都說他們的革命，是『順乎天，應乎人。』到了現在，人類的政治思想極發達，民權的學說極普遍，**更不可專用兵力，必要人人心悅誠服，都歡迎我們的主義，那才容易成功。革命成功極快的方法，宣傳要用九成，武力只可用一成**。我們國民黨這幾年用武力的奮鬥太多，宣傳的奮鬥太少。此次改組，注重宣傳的奮鬥，便是挽救從前的弊端。諸君擔負宣傳的任務，應該有恆心，不可虎頭蛇尾，今日熱心奮鬥，明日便心灰意冷。因為要人心悅誠服，不是一朝一夕，一言一動，能夠收效果的。必要把我們的主義，潛移默化，深入人心，那才算是有效果。我們要能夠收到這種效果，便非請諸君對於宣傳，做繼續的工夫不可。如果不能繼續做去，便是不明白革命的道理。假若眞明白了革命道理，便有恆心。因為革命是有目的的，要達到一定的目的，便不至中途廢止。我們一定要達到這種目的，那就是我們的志氣。無論甚麼人做事，都有一種志氣。古人說：『**有志者事竟成**』。用這一句話對個人說，大都在市井之上，熙熙攘攘，往來不絕的人，都是志在發財。他們究竟是不是能夠得志呢？有的能夠做富翁，是得志的。但是這種志氣，過於自私自利，和別人的利害相衝突，便容易被人消滅，所以大多數的人，都是不能夠得志。有一種志氣，是大家公共的志，衆人都向此做去，便容易成功，所謂衆志成城。像革命黨從前想推翻滿清，到後來果然建設民國，那才算是『有志者事竟成』。……像辛亥年漢人排滿，這種人人要做一件事的力，叫做『**羣力**』，這種『羣力』是很大的。因為中國的事業太大，要用四萬萬人的力，才容易做成功，不是一兩個人的力，可以做得到的。」

（捌—一九九）

第五目　互助（仁義）

本編第一章第一節第一目，曾言人類互助之由來，以別於獸性，而其最終目的，則爲促進世界於大同。此目又言互助，卽人與人相處之道，不可不注重互助。上目所述至誠、禮讓、忠恕三者，皆平時待人接物所不可或缺，亦卽互助之所自，進而以德服人，人尊我之德化，自生互助之效，而底於治平。民國七八年間，南北軍閥，割據把持，致國事顚躓，生民重困。國父惄焉傷之，期勉國中諸將帥之明大義者，羣起覺悟，共起扶持，持之以果敢，矢之以堅貞，協謀匡救，奠眞正之和平，拯斯民於水火。蓋互助則無所不愛，可達博愛之仁，互助則行無不宜，自至行而宜之之義，居仁由義，卽互助道德之眞情流露也。民國八年，復劉湘勗救國拯民並派張左丞來川面洽函曰：

「年來國事顚躓，生民重困，欲期根本救治，非國中諸將帥之明於大義者羣起覺悟，共起扶持不爲功。兄總制師干，擁節西陲，屹爲長城，而愛國之誠，尤超越儕輩，當玆國難紛紜之際，正賢者枕戈努力之時，尙冀聯合俊彥，協謀匡救，持之以果敢，矢之以堅貞，則至誠所至，金石爲開。異日奠眞正之共和，拯斯民於水火，所屬望於兄者正甚遠且大也。邇者世界潮流，羣趨嚮於民治，今日時事維艱，然最後之成敗，自以民意之向背爲斷，吾人苟能務其遠大，懸的以趨，黽勉不懈，總不患無水到渠成之日耳。」（玖—四二七）

國父謂：「從前學說，祇知物競天擇之理，於是弱肉强食，優勝劣敗。今世界日進於文明，注重人道，不宜再事相爭，而惟以道德互爲扶助，始能有國家，始能成世界。」互助之重要蓋如此。民國二年在東京對留學生演講「學生須以革命精神努力學問」詞曰：「從前學說，準物質進化之原則，闡發物競生存之學理。野蠻時代，野獸與人類相爭，弱肉强食，優勝劣敗。弱者劣者，自然歸於天演淘汰之列。故古來學說，只求一人之利益，不顧大家之利益。今世界日進文明，此種學理，都成野蠻時代之陳談，不能適用於今日。今日進於社會主義，注重人道，並不重相爭而重相助；有道德始有國家，有道德始成世界。」（捌—六七）

人類初生，其性與物種（禽獸）無異，經幾許萬年之進化，乃成爲文明之人性，以彼此互助爲原則，始與物種不同。因而組織社會國家，爲互助之體，施行仁義道德，爲互助之用，而倫理生焉，君（長官）義、臣（部屬）忠，父慈子孝，兄愛弟恭，夫和婦順，朋友信義，各盡其應盡之道，而互助之功用備矣。然尚有未能盡此道者，由於人類本從物種而來，一切物種遺傳之性，或有未悉化除故耳。然人類爲天性所趨，自向互助之原則以進行，求達進化之目的，而進化之最終目的，卽孔子所謂：「大道之行，天下爲公」之政治哲學。國父講建國方略有言曰：

「物種以競爭爲原則，人類則以互助爲原則。國家社會者，互助之體也，道德仁義者，互助之用也。人類順此原則則昌，不順此原則則亡，此原則行之於人類，當已數十萬年矣。然而人類今日猶未能盡守此原則者，則以人類本從物種而來，其入於第三期之進化，爲時尙淺，而一切物種遺傳之性，尙未能盡行化除也。然而人類自入文明之後，則天性所趨，已莫之爲而爲，莫之致而致，向於互助之原則，以求達人類進化之目的矣。……人類進化之目的爲何？卽孔子所謂『大道之行也，天下爲公。』」（參—一三九）

第六目　先知覺後知

人類既須互助，然天賦之聰明才力不同，於是有先知先覺者，有後知後覺者，有不知不覺者，所以先知先覺之人，應以其所知所覺，助後知後覺與不知不覺者，使皆貢獻其能力，爲國家、社會或個人服務。如是，天賦雖不平等，而其服務之道德心自使達於平等也。　國父講民權主義有言曰：

「我從前發明過一個道理，就世界人類其得之天賦者，約分三種：有先知先覺者，有後知後覺者，有不知不覺者。先知先覺者爲發明家，後知後覺者爲宣傳家，不知不覺者爲實行家。此三種人互相爲用，協力進行，則人類之文明進步，必能一日千里，天之生人，雖有聰明才力之不平等，但人心則必欲使之平等，斯爲道德上之最高目的，而人類當努力以進行者。……從此以後，要調和三種人使之平等，則人人當以服務爲目的，而不以奪取爲目的。聰明才力愈大者，當盡其能力而服千萬人之務，造千萬人之福，聰明才力略小者，當盡其能力以服十百人之務，造十百人之福。所謂巧者拙之奴，就是這個道理。至於全無聰明才力者，亦當盡一己之能力，以服一人之務，造一人之福。照這樣做去，雖天生人之聰明才力有不平等，而人之服務道德心發達，必可使之成爲平等了。」（壹—八一）

中國人以前重視士人，以其聰明才力，屬於先知先覺者，故能轉移社會風氣，使國人皆信從之。至今之學者，其所負責任，爲使中國日趨於進步，而盡其先知先覺之使命。國父講「知難行易」有言曰：

「從前中國人說：『士爲四民之首。』可見學者的力量，在社會上是很大的。詳細的說，學者先覺先知，一舉一動，都是能夠轉移社會上的風氣。社會對於學者也是極尊敬的，如是學者有了主張，社會都是要服從。所以學者對於社會，對於國家，負擔有一種責任；現在學者的責任，是在要中國進步。」（捌—一二三）

卽此次革命，全賴學界之力以成。而以後建設，亦莫不有賴於學界之合力以進行。方今學說，一反昔日之生存競爭、優勝劣敗之主張，而注重社會道德，以有餘補不足，卽先知盡覺後知之責也。民元八月在北京學界歡迎會講「學生應主張社會道德」詞曰：

「此次革命成功，多賴學界之力。此後各種建設，亦須賴全國學界合力進行，方能成功。學界關係國家前途，既如此之重，不能不定一進行之方針。從前學界中所知者，生存競爭，優勝劣敗而已。然此種學說，在歐洲三十年前，頗爲盛行，今日則不宜主張此說，應主張社會道德，以有餘補不足。大凡天之生人，其聰明才力，各不相同，聰明才力之有餘者，當補助聰明才力之不足者，在政治上爲工人，在社會上爲社會公僕。今日中國革命成功，適值改良學說之際，學說既宜改良，方針亦宜改變。所謂今日唯一之方針者，社會道德是也。」（捌—二八）

第七章 結論

世界各國，一言道德，卽與宗教成不解緣，惟獨我國則以教育爲修道之途徑，而列德育於三育之首，其故何在？余以爲人類之進化，循自立自强之途徑，由畏天法天以至於配天，由不平之「畏」，及於相平之「配」，均呈現人之地位之日趨崇高，人之自治能力之日見進步，人與人相處之日增和諧，不必依賴神之呵護，命之安排，始克臻此。倫理者，人與其上下左右前後之人，均能基於互助之原則以相處，亦卽本乎道德之實現以共存，各盡其所能，各享其所安，各遂其所生，庶幾其人格能博厚配地，高明配天，悠久無疆。國父以天縱之聖，少習醫學，故其對自然科學，必精通熟研，於吾國經籍自可易以了解，一生救國救民，艱險備嘗，勞怨不辭，其所作所爲，俱爲大智大仁大勇之表現，亦卽大德之別稱也，故其對於道德之重要，非獨十分了解，且已身體力行之矣。觀其所言，無時無地不指出道德之重要，其能領導同志，爲主義而能取義成仁者，更使其了解非道德焉能致此，故敢大膽作此結論曰：

「有道德始有國家，有道德始成世界。」

余爲此更進而說明「道德之科學解析及其力量」以作此書之結論焉：

道德之科學解析及其力量

一、什麼是道德

我們要知道道德的力量，首先應該瞭解什麼是道德。道是一條大路，這裏是指人與人之間的一條路（如圖一），是屬於精神方面的、無形的。有了他，人與人間的心靈可通，同情可生，私心可去，倫理基礎可奠，民主制度得人，科學有利無害。否則，兩點之間的一條線斷了。每人各管各的，各爲各的，好比一盤散沙，無凝固力存在中間。（如圖三）這可稱之爲「無道」。有了道，尤貴乎通達無阻（達道）。

人——道——人

（圖一）

我們的祖先很科學的把人與人間公與私的通達的路，歸納成爲五大類如下：㈠君臣（長官與部屬）。㈡父子（父母與子女）。㈢夫婦。㈣昆弟（兄姊與弟妹）。㈤朋友（朋友與朋友），其餘的可照輩份或地位的不同，比照歸納於五種之中，例如伯父舅父歸入父類，表兄堂妹歸入昆弟類，所以說：

「君臣也，父子也，夫婦也，昆弟也，朋友之交也，五者天下之達道也。」（中庸）

中庸中這五大類是分析出人與人上下（君臣、父子）左右（夫婦、朋友）前後（昆弟、朋友）三進向的關係，有的屬於血統的，有的屬於社會的，有的屬於政治的，為人生所不可缺的關係，故稱之曰五倫或人倫。圖示如下：

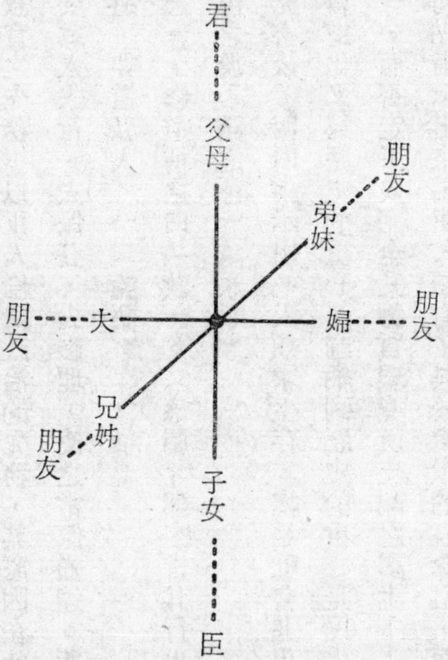

（圖二）

有了他，從血統方面發明了優生的道理，從社會方面得到了維持秩序的道理，從政治方面得到了治亂興亡的道理，從全人類方面得到了共生共存共進化的道理。因爲他太重要了，所以，我們祖先以明人倫爲教育之先務，以正人倫爲政治的先務，其原因在此。

有了道，還得要靠人去行，去保養，去修理，使之常保通達。所以說：

「人能弘道，非道弘人。」（論語）

行道稱之曰「德」，修道稱之曰「教」。（德屬彳部，言其行也）所以說：

「行道而得之於心謂之德」（朱子）

吾　國父更承先啓後，明白指示出「人類求生存，纔是社會進化的原因。」又說「民生爲社會進化的重心，社會進化又爲歷史的重心，歸納到歷史的重心是民生，不是物質。」因此　國父發明了「民生史觀」，而否定了人完全受物質環境所支配之謬說——唯物史觀。他又將人類與物種的進化原則之不同點指示出來，使人類有了異於禽獸的自尊心，而將道德與民生的關係說得明白，如下：「物體以競爭爲原則，人類則以互助爲原則；社會國家者，互助之體也，道德仁義者互助之用也，人類順此則昌，不順此則亡。」這是說明了道德仁義是民生的保障，掌握了人類存亡之鎖鑰，其重要性更可想而知了。

二、道德以仁爲中心

道之行也曰德，宜求其通達無阻，其有三個要點，第㈠人與人要同情相愛，就是仁，第㈡要互相瞭解，就是智，第㈢要互相幫助，就是勇。所以說：

「智仁勇三者天下之達德也，所以行之者一也」。（中庸）

一者誠也。

三者之中，仁為中心。仁字從二從人，正象徵着道聯繫着人與人（如第一圖）。所以說：

「修身以道，修道以仁，仁者人也。」（中庸）

智所以知仁，勇所以行仁，以求達到三進向的民生的愛（如圖二），以建立倫理的基礎，以達成人之所以為人的條件。

世界上不可能有離羣獨生的人，祇有合羣共生的人，因為一個人的產生，非得有父母二人的配合不可，那已經有了三個人了。三人曰衆，是羣體的開始，也就是民生（總理稱個人曰人，多數人曰民）。何況父與母又各有其父與母呢？所以道德不應離開人，人亦不能離開道德，因為一有了兩個人，就有了道，見諸於行，就有了德。所以說：

「道也者，不可須臾離也，可離非道也。」（中庸）

「道不遠人，人之為道而遠人，不可以為道。」（中庸）

「德不孤，必有鄰。」（論語）

根據　國父的昭示，以及上面古聖賢所垂訓，我們對於道德仁義四字可下如下之定義，使青年更容易瞭解。

「道」是人類共生共存共進化之原理，或大路；「德」是此一原理之見諸實行，「仁」爲德之體，是人類互愛互助之存心；「義」是德之用。是此一存心之見諸行動。

(註)孟子稱「仁，人之安宅也，義，人之正路也」，安宅是體，正路是用，其義亦同。

從今以後，我們對於道德及其所產生的禮的觀念正確了，不會被一知半解的人所矇蔽，說他是陳腐，是會吃人，是束縛人的自由了。因爲我們如果不欲生存則已，如欲繼續生存，則此保障生存的主要條件，應予共同維護。

人與人之互愛互助，是家庭社會國家之所以能形成之凝固力。所以 國父說「人類順此者昌，逆此則亡。」玆再以圖表示之：

沒有義，就見不出仁，沒有仁，就見不出德，沒有德，就見不出道。從比較抽象的道，進而到實際行動的義，一步比一步更具體化，以分別出人與禽獸之不同，所以

孔子說：「仁者人也。」

孟子說：「人之所以異於禽獸者，幾希。」這個幾希就是說：「人之所以異於禽獸者爲知仁義也。」

易經：「立人之極，曰仁與義。」

人旣不可須臾離去道德，當然也不能離去仁義，不僅不能離去，有時甚至於須犧牲一己之生

無道（一盤散沙）

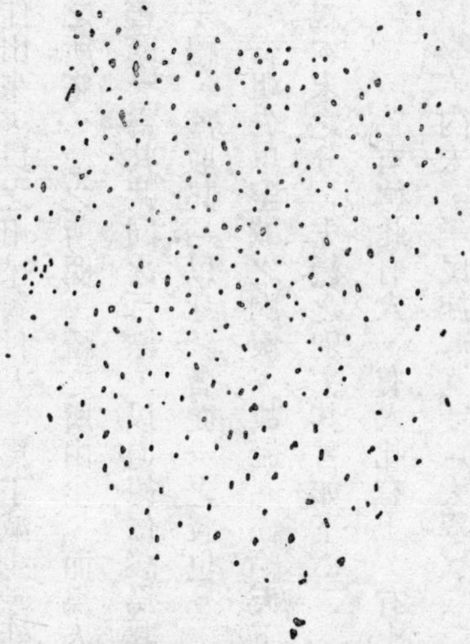

（圖三）

有道（每人上下左右前後均密切聯繫）

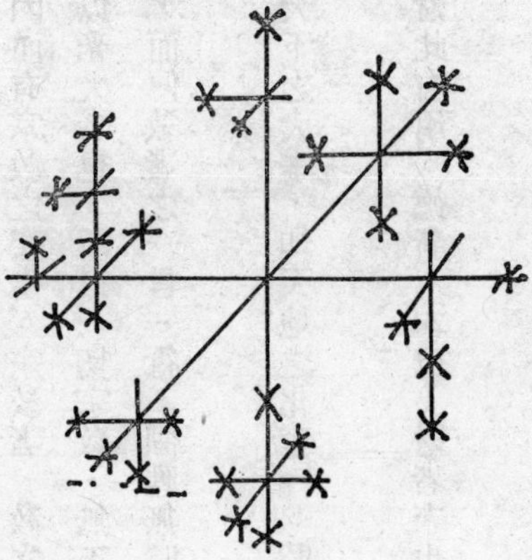

（圖四）

命以爭取仁義，因爲大我的生命，重於小我的生命，而仁義才是大我的保障，所以說：

「志士仁人，無求生以害仁，有殺身以成仁。」（論語）

「生亦我所欲也，義亦我所欲也，二者不可得兼，舍生而取義也。」（孟子）

三、以德爲先以誠爲基人類共生共存始有保障

革命是實現救國救人的信仰——主義，所以黨員能奮不顧生，前仆後繼，不達目的不止者在

此，「主義」是以義爲主的意思，義是路，也是道，既然「朝聞道夕死可矣」（論語），當然黨員服膺了主義，就會犧牲一切，這是早在他預計之中的，所以革命是一件偉大崇高的事業，而實現此一事業，自然要要求黨員具備天下爲公的精神和偉大崇高的人格，歷史中重要的材料，都是偉大崇高的人格所造就的啊！

自相殘殺的動物，是會滅種的，生物學已有證明。人類的進化，曾經經過了一段很長時期的人與獸爭，在此期間，人類爲了生存，學會了鬪爭殘殺爭奪種種技能，創造了種種利器和工具，後來雖然征服了一切毒蛇猛獸，但是這些野蠻的習性，依舊存在，雖日進文明，有時仍舊免不了發作出來，以之用來對付人。爲了減少獸性增高人性，因而有宗教之產生。宗教者，教之所宗，道之所修，德之所明，禮之所由生，而爲人類生命所賴以光大者也，所以一切宗教，無不以「修己善羣」爲其共同之目標，以道德仁義爲其共同之教義，而傳教者之一言一行，固應無時無地不合乎禮，蓋取其「以身教者從」之義也。

吾祖先以至誠之胸懷，故能「經綸天下之大經，立天下之大本，知天地之化育」。昭示後人重視本末之分，先後之別，其言如下：

「有德此有人，有人此有土，有土此有財，有財此有用。德者，本也；財者末也。外本內末，爭民施奪。」（大學）

「自天子以至於庶人，壹是皆以修身爲本。」（大學）

「修身以道，修道以仁，仁者人也。」（中庸）

「君子務本，本立而道生，孝悌也者，其爲仁之本與。」（論語）

此言德居先，則人類的共生共存始有保障，此爲本。有了保障，土地才能供人享用，此爲末。本末千萬不可倒置，先後千萬不可錯亂，否則爭奪殘殺，必難避免，生存將受威脅，更難談到生活享受了。所以人不問貧富貴賤，必須一律以道修身，以仁修道，以達致人之所以爲人之條件，以及共生共存共進化之目的。

四、道德的力量

仁既是三進向的愛，是否對人應一視同仁？儒家認爲有親疏之分，墨家則認爲應一律看待，其結果儒家的主張比較近乎人情，順乎人性，合乎中庸，容易爲多數人所接受，揣其本而不忘其末，由近及遠，由小而大，由家而國，不離實際，合乎科學，所以說「君子務本，本立而道生，孝悌也者，其爲仁之本與。」（論語），蓋「知所先後，則近道矣」。（大學）

國父根據上述的「務本」精神，將八德中之「孝」置於「仁愛」之前，以符合「親親而仁民，仁民而愛物」之順序，其義易明。更將「忠」置於「孝」之前，以示國族觀念重於家族觀念，以符合古人「敎孝卽所以敎忠」之義，並將信義和平四德與忠孝仁愛，合爲代表中國的道德，以天下為公，為大道之行。在民族主義講演中，國父指出吾中華民族之所以能屹立於世界五千餘年而不為外族所滅亡者，以其道德之高於人，故大而能容，剛而不屈，有忍耐心，有同化力。惟自淪為次殖民地以後，一切被毀壞，今欲恢復民族的地位，必先從根救起固有的道德，既以自救，且可救人。語重心長，深謀遠慮，殊可欽敬。觀於近年來世界經濟發達之國家，其社會道德之普遍墮落，尤使吾人深信德本財末之教之可貴也。

仁為凝固力，前已詳言之矣，惟追溯此一力量之源泉，則知來自「誠」，誠是生命的原動力、是智慧、是眞實、是信仰、是同情、是力量、是偉大，與西方聖經中說明上帝的一切，幾乎全部吻合。所以說：

「至誠如神。」（中庸）

國父所稱「信仰發生力量」，即係指此，惟仁之實施，務求適得其當，過與不及均非所宜，恰到好處是謂之「中」。故欲知崇尚道德之中華民族，其文化精神，可以誠、仁、中、行四字代表之，若分而述之則如下列：

誠以律己，為原動力；仁以待人，為凝固力；中以處事，為平衡力；行以成物，為推動力。

苟能具此四者，則於個人為自強不息，於社會國家則為團結堅固，莫之能侮矣。

道德之精義及其內含既已解析清楚，則知道德實為人類生存之保障，自為人人所樂以維護者，其是非善惡之標準同，故人人具有審判之能力，公是公非之所由生，使叛道離德者無所逃於天地之間。以共匪言，其一切作爲，僞而不誠，暴而不仁，偏而不中，鬬而悖行。旣違背中國文化之精神，更違反人類道德之標準，其不亡何待。

人之成敗，家之盛衰，國之興亡，盡繫於道德，道德之力量，其可謂之不大乎？

國父所以對於道德、有如下之警語：

「**有道德始有國家、有道德始成世界。**」

余更爲道德作一較詳之解釋如下：

「去私心、存公道、爲道德的基本精神；
孝父母、敬兄長、爲道德的實踐始基；
不忘本、不忘恩、爲道德的衡量標準；
言忠信、行篤敬、爲道德的事實表徵。」

並有下列之結語：

「**學問之第一目的爲管制自己，謂之率性；道德之第一目的爲顧及他人，謂之修道。**」

[illegible]

[illegible]

[illegible]

滄海叢刊已刊行書目（四）

書名	作者	類別
累廬聲氣集	姜超嶽	中國文學
苕華詞與人間詞話述評	王宗樂	中國文學
杜甫作品繫年	李辰冬	中國文學
元曲六大家	應裕康、王忠林	中國文學
林下生涯	姜超嶽	中國文學
詩經研讀指導	裴普賢	中國文學
莊子及其文學	黃錦鋐	中國文學
歐陽修詩本義研究	裴普賢	中國文學
清真詞研究	王支洪	中國文學
宋儒風範	董金裕	中國文學
紅樓夢的文學價值	羅盤	中國文學
中國文學鑑賞舉隅	黃慶萱、許家鸞	中國文學
浮士德研究	李辰冬譯	西洋文學
蘇忍尼辛選集	劉安雲譯	西洋文學
印度文學歷代名著選(上)	糜文開	西洋文學
文學欣賞的靈魂	劉述先	西洋文學
現代藝術哲學	孫旗	藝術
音樂人生	黃友棣	音樂
音樂與我	趙琴	音樂
爐邊閒話	李抱忱	音樂
琴臺碎語	黃友棣	音樂
音樂隨筆	趙琴	音樂
樂林蓽露	黃友棣	音樂
樂谷鳴泉	黃友棣	音樂
水彩技巧與創作	劉其偉	美術
繪畫隨筆	陳景容	美術
素描的技法	陳景容	美術
都市計劃概論	王紀鯤	建築
建築設計方法	陳政雄	建築
建築基本畫	陳榮美、楊麗黛	建築
中國的建築藝術	張紹載	建築
現代工藝概論	張長傑	雕刻
藤竹工	張長傑	雕刻
戲劇藝術之發展及其原理	趙如琳	戲劇
戲劇編寫法	方寸	戲劇

滄海叢刊已刊行書目（三）

書名	作者	類別
知識之劍	陳鼎環	文學
野草詞	章瀚章	文學
現代散文欣賞	鄭明娳	文學
藍天白雲集	梁容若	文學
寫作是藝術	張秀亞	文學
孟武自選文集	薩孟武	文學
歷史圈外	朱桂	文學
小說創作論	羅盤	文學
往日旋律	幼柏	文學
現實的探索	陳銘磻編	文學
金排附	鍾延豪	文學
放鷹	吳錦發	文學
黃巢殺人八百萬	宋澤萊	文學
燈下燈	蕭蕭	文學
陽關千唱	陳煌	文學
種籽	向陽	文學
泥土的香味	彭瑞金	文學
無緣廟	陳艷秋	文學
鄉事	林清玄	文學
余忠雄的春天	鍾鐵民	文學
卡薩爾斯之琴	葉石濤	文學
青囊夜燈	許振江	文學
我永遠年輕	唐文標	文學
思想起	陌上塵	文學
心酸記	李喬	文學
離訣	林蒼鬱	文學
孤獨園	林蒼鬱	文學
托塔少年	林文欽編	文學
北美情逅	卜貴美	文學
女兵自傳	謝冰瑩	文學
抗戰日記	謝冰瑩	文學
孤寂的迴響	洛夫	文學
韓非子析論	謝雲飛	中國文學
陶淵明評論	李辰冬	中國文學
文學新論	李辰冬	中國文學
分析文學	陳啓佑	中國文學
離騷九歌九章淺釋	繆天華	中國文學

滄海叢刊已刊行書目（二）

書名	作者	類別
國家論	薩孟武譯	社會
紅樓夢與中國舊家庭	薩孟武	社會
社會學與中國研究	蔡文輝	社會
財經文存	王作榮	經濟
財經時論	楊道淮	經濟
中國管理哲學	曾仕强	管理
中國歷代政治得失	錢穆	政治
周禮的政治思想	周世輔 周文湘	政治
先秦政治思想史	梁啓超原著 賈馥茗標點	政治
憲法論集	林紀東	法律
憲法論叢	鄭彥棻	法律
師友風義	鄭彥棻	歷史
黃帝	錢穆	歷史
歷史與人物	吳相湘	歷史
歷史與文化論叢	錢穆	歷史
中國人的故事	夏雨人	歷史
精忠岳飛傳	李安	傳記
弘一大師傳	陳慧劍	傳記
中國歷史精神	錢穆	史學
國史新論	錢穆	史學
與西方史家論中國史學	杜維運	史學
中國文字學	潘重規	語言
中國聲韻學	潘重規 陳紹棠	語言
文學與音律	謝雲飛	語言
還鄉夢的幻滅	賴景瑚	文學
葫蘆・再見	鄭明娳	文學
大地之歌	大地詩社	文學
青春	葉蟬貞	文學
比較文學的墾拓在臺灣	古添洪 陳慧樺	文學
從比較神話到文學	古添洪 陳慧樺	文學
牧場的情思	張媛媛	文學
萍踪憶語	賴景瑚	文學
讀書與生活	琦君	文學
中西文學關係研究	王潤華	文學
文開隨筆	糜文開	文學

滄海叢刊已刊行書目（一）

書名	作者	類別
中國學術思想史論叢(一)(二)(三)(四)(五)(六)(七)(八)	錢穆	國學
兩漢經學今古文平議	錢穆	國學
先秦諸子論叢	唐端正	國學
湖上閒思錄	錢穆	哲學
中西兩百位哲學家	黎建球 鄔昆如	哲學
比較哲學與文化(一)	吳森	哲學
比較哲學與文化(二)	吳森	哲學
文化哲學講錄(一)	鄔昆如	哲學
哲學淺論	張康	哲學
哲學十大問題	鄔昆如	哲學
哲學智慧的尋求	何秀煌	哲學
老子的哲學	王邦雄	中國哲學
孔學漫談	余家菊	中國哲學
中庸誠的哲學	吳怡	中國哲學
哲學演講錄	吳怡	中國哲學
墨家的哲學方法	鐘友聯	中國哲學
韓非子哲學	王邦雄	中國哲學
墨家哲學	蔡仁厚	中國哲學
中國哲學的生命和方法	吳怡	中國哲學
希臘哲學趣談	鄔昆如	西洋哲學
中世哲學趣談	鄔昆如	西洋哲學
近代哲學趣談	鄔昆如	西洋哲學
現代哲學趣談	鄔昆如	西洋哲學
佛學研究	周中一	佛學
佛學論著	周中一	佛學
禪話	周中一	佛學
天人之際	李杏邨	佛學
公案禪語	吳怡	佛學
不疑不懼	王洪鈞	教育
文化與教育	錢穆	教育
教育叢談	上官業佑	教育
印度文化十八篇	糜文開	社會
清代科舉	劉兆璸	社會
世界局勢與中國文化	錢穆	社會